BIERWANDERN SCHWEIZ

DER ERFRISCHENDSTE WEG, DIE SCHWEIZ ZU ENTDECKEN

Der Verlag HELVETIQ wird vom Bundesamt für Kultur mit einem Strukturbeitrag für die Jahre 2021–2025 unterstützt.

Bierwandern Schweiz
Der erfrischendste Weg, die Schweiz zu entdecken

Monika Saxer

Fotos: Monika Saxer
Grafische Gestaltung: Lisa Voisard, Agathe Altweg, Roxanne Borloz und Ajša Zdravković

ISBN: 978-2-940481-06-4
Erste Ausgabe: April 2014
17. Auflage: Oktober 2023
Hinterlegung eines Pflichtexemplars in der Schweiz: April 2014
Gedruckt in der Tschechischen Republik

© 2014 HELVETIQ (Helvetiq AG)
Mittlere Strasse 4
CH-4056 Basel
Schweiz

Alle Rechte für alle Länder vorbehalten

BIERWANDERN SCHWEIZ

DER ERFRISCHENDSTE WEG, DIE SCHWEIZ ZU ENTDECKEN

Besten Dank an Philipp Corbat, welcher für uns zahlreiche Biere bewertet und uns sein umfangreiches Wissen über die Bierlandschaft Schweiz zur Verfügung gestellt hat.

INHALTSVERZEICHNIS

1. Einleitung	**7**
Über Monika	8
Zum Buch	9
2. Und so funktionierts…	**11**
Bier/Wanderung auswählen	12
Vor dem Start	14
3. Bierwanderungen	**17**
4. Zwischenstopp!	**127**
Biere	128
Zahlen	132
Sprachen	134
5. Index	**245**
Wanderungen	246
Biere	247
Kantone	248
Anforderungen	249
Karte	250
6. Danksagung	**253**

1 EINLEITUNG

ÜBER MONIKA

Schon als Jugendliche war Monika Saxer ein Wanderfüdli. Als Tourenleiterin im SAC Baldern ist sie häufig unterwegs, um neue Bergtouren und Wanderungen auszukundschaften. Obwohl sie jeweils anderthalb Liter Tee im Rucksack mitnimmt, bleibt am Schluss noch genug Durst für ein frisches Bier. Seit immer mehr Kleinbrauereien entstehen, sind Restaurants mit lokalem Bier ihre bevorzugten Wanderziele.
Mit diesem Buch möchte sie ihre Ideen wanderlustigen BierliebhaberInnen zur Verfügung stellen. Natürlich sind die Touren auch für NichtbiertrinkerInnen problemlos begehbar.

ZUM BUCH

Als ich laufen lernte, wartete draussen eine Welt voll Abenteuer und Wunder auf ihre Entdeckung. Später streifte ich mit anderen Kindern durch die Felder und Wälder ums Dorf. Zum Glück wurde ich dabei nicht von meinen Eltern gebremst wie die meisten anderen Mädchen. Im Gegenteil, bei uns gab es keine langweiligen Familienspaziergänge, sondern Bergtouren, Zeltferien und Hüttenübernachtungen. Als ich von zu Hause auszog, wurde ich Mitglied im Frauenalpenclub Zürich (heute SAC Sektion Baldern). Natürlich lernte ich schnell, wie gut ein Bier nach einer Tour schmeckt. Damals machte Biertrinken zusätzlichen Spass, weil es sich für Frauen nicht gehörte. Bald hiess es im Club: "Leite doch auch mal eine Tour". Ich brachte mir Kartenlesen bei und begann Touren auszukundschaften. Ein Zeitungsartikel über die erste Gasthausbrauerei der Schweiz führte zu einer Wanderung nach Basel in die Fischerstube. Ab und zu erfuhr ich von einer neuen Brauerei und dachte mir eine Wanderung dorthin aus. Plötzlich ging alles ganz schnell. Überall entstanden Brauereien. Ich hatte gerade in einem Verein die Website übernommen und Freude am Webdesign bekommen. So kam ich auf die Idee, meine Bierwanderungen ins Netz zu stellen.
Beim Verein Illauer Punt macht eine Journalistin mit. Als ich eine Wanderung vom Tösstal nach Illnau zu ihrem Bier beschrieb, fragt sie mich an für ein Interview im "Migros-Magazin" zum Thema Frauen und Bier. So wurde der Helvetiq-Verlag auf die Bierwanderungen aufmerksam und beschloss, daraus ein Buch zu machen.
Die vollständige Liste von Brauereien in der Schweiz findet man im Verzeichnis der steuerpflichtigen Inlandbrauereien des Eidgenössischen Finanzdepartements. Im Internet schaue ich, wo und wann welches Bier erhältlich ist. Je nach Wetterbericht überlege ich, in welcher Region ich wandern will. Dann heisst es nur noch Karte und Fahrplan studieren und den Wecker stellen. Meistens begleitet mich meine Lebenspartnerin, die auch gern ein gutes Bier trinkt. Mit der Arbeit an diesem Buch habe ich einen interessanten Einblick in die Arbeit eines Verlags bekommen.

UND SO FUNKTIONIERTS...

BIER/WANDERUNG AUSWÄHLEN

NAME DER WANDERUNG
KANTON
ANFORDERUNG
BIERNAME

BIER-INFORMATION

ANFORDERUNGEN

Die Klassierung richtet sich nach den schwierigsten Stellen der Wanderung. Besonders schwierige Stellen werden in der Wegbeschreibung erwähnt.

Diese Anforderungen gelten bei guten Verhältnissen. Schlechtes Wetter oder Schnee und Eis können die Schwierigkeiten erhöhen.

SPAZIERGANG

Spazierwege verlaufen auf breiten Wegen und haben wenig Steigung. Wenn sie nicht von einem längeren Regen aufgeweicht sind, können sie mit geländegängigen Kinderwagen befahren werden. Treppen werden erwähnt.Wegweiser und Markierungen sind gelb.

WANDERUNG

Wanderwege verlaufen auf gut sichtbaren Wegen ohne Absturzgefahr. Sie können mit leichten Wanderschuhen begangen werden. Gefährliche Stellen sind mit Geländern gesichert. Bäche werden auf Stegen oder Brücken überquert. Wegweiser und Markierungen sind gelb.

BERGTOUR

Bergwege sind meist steil und schmal. Sie können streckenweise nicht sichtbar sein und führen teilweise durch unwegsames Gelände. Sie können exponierte Stellen mit Absturzgefahr aufweisen. Eventuell braucht man die Hände fürs Gleichgewicht. Manchmal müssen Bäche durchwatet werden. Feste Schuhe mit griffiger Sohle sind nötig. Voraussetzung sind Trittsicherheit, Schwindelfreiheit und Kenntnis der Gefahren im Gebirge (Wetter, Rutschgefahr, Steinschlag).Die Spitzen der Wegweiser und die Markierungen sind weiss-rot-weiss.

VOR DEM START

ÜBERPRÜFE DEINE AUSRÜSTUNG

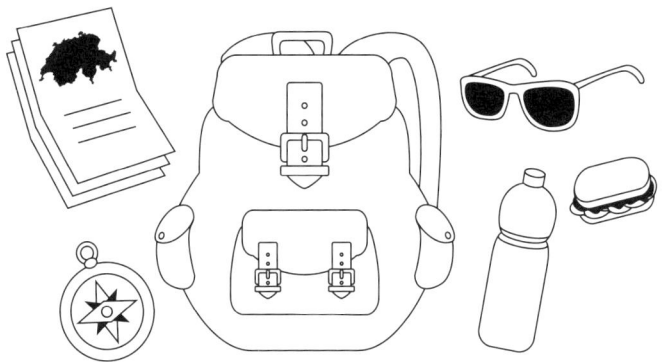

 ANREISE

Alle Wanderungen sind bequem mit dem öffentlichen Verkehr machbar. Die Fahrpläne findet man unter www.sbb.ch.

 WETTER

Ausführliche Wettervorhersagen gibt es auf:

→ www.meteoschweiz.ch.

→ Telefon 162 (CHF 0.50/Anruf + CHF 0.50/Minute + allfällige Gebühren)

→ Radio SRF 1 um ca. 12.20 Uhr (Dialekt)

→ Fernsehen SRF 1 nach der Tagesschau von 19.30 Uhr (Dialekt)

→ Persönliche Beratung: täglich, rund um die Uhr Tel: 0900 162 333, Preis für Nummern ab Festnetz: CHF 3.00/Anruf + CHF 1.50/Min.

WEGZUSTAND UND SCHNEE

Das Wanderwegnetz wird von Vereinen in Freiwilligenarbeit erstellt und unterhalten. Es gibt keine offizielle Stelle, wo man sich nach dem aktuellen Zustand der Wege erkundigen kann. Für allfällige Fragen wendet man sich am besten an das lokale Verkehrsbüro. Eine Adressliste findet man auf www.wandersite.ch in der Rubrik Verschiedenes.

Angaben zur Schneehöhe findet man beim Institut für Schnee- und Lawinenforschung auf www.slf.ch.

BIERWANDERUNGEN

AIGUILLES DE BAULMES

EINE HÖHLENKRAXELEI

AUSGANGSORT **STE-CROIX**	**ZIEL** **STE-CROIX**
BIER **VALLORBIÈRE**	**ANFORDERUNGEN** **BERGTOUR**
KARTE **BLATT 241** **(VAL DE TRAVERS)**	**WANDERZEIT** **5 STD., 16 KM**
SEHENSWÜRDIGKEIT **CREUX DES NEIGES** **RIESIGE DOLINE**	**HÖHENUNTERSCHIED** **AUF 680 M, AB 680 M**

 INDIA PALE ALE

5% ALKOHOLGEHALT

 HELL,

 HOPFIG

 GRAPEFRUIT

WEGBESCHREIBUNG

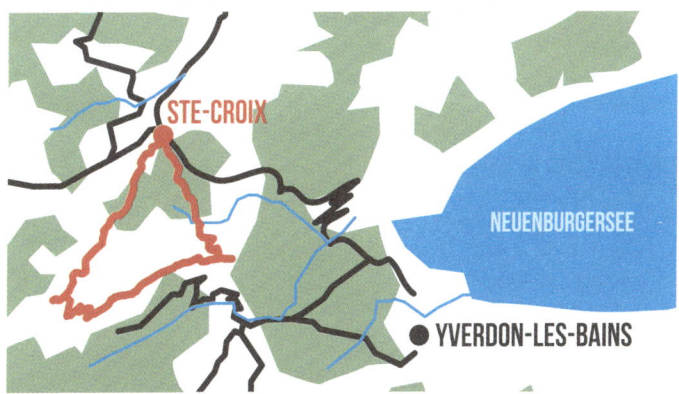

Ste-Croix (1066 m) → Mont des Cerfs
→ La Gitte Dessous → La Gitte Dessus
→ Creux des Neiges → Col de l'Aiguillon
→ Aiguilles de Baulmes (1559 m) → Cave Noire
→ Mont de Baulmes → Ste-Croix

Ste-Croix erreicht man mit der Bahn ab Yverdon oder mit dem Postauto ab Buttes (Val de Travers).

Man kann diese Tour kombinieren mit der Wanderung durch die Gorges de Covatanne (Übernachtung im Hôtel de France).

Vom Bahnhof Ste-Croix folgt man dem Wanderweg durch den Ort hinauf Richtung Col des Etroits. Kurz nach der Postautohaltestelle Av. de Neuchâtel zweigt man nach links ab und geht über den Mont des Cerfs mit seinen weiten Juraweiden zum Bergrestaurant
La Gitte Dessous.
Von La Gitte Dessous nach La Gitte Dessus geht man auf einem Fahrsträsschen Richtung Col de l'Aiguillon. In La Gitte Dessus verlässt man das Strässchen nach rechts. So gelangt man auf einem kleinen Umweg ohne Asphalt zum Col de l'Aiguillon. Auf diesem Umweg kann man noch einen kleinen Abstecher zum Creux des Neiges machen. Das ist eine riesige Doline im Wald.
Vom Col de l'Aiguillon führt ein Zickzackweg auf den höchsten Punkt der Aiguilles de Baulmes. Plötzlich steht man auf einer Aussichtskanzel über fast senkrechten Felswänden. Unten sieht man die Juraseen und am Horizont die Alpenkette bis zum Mont-Blanc.
Vom Gipfel folgt man dem Grat Richtung Mont de Baulmes von Aussichtspunkt zu Aussichtspunkt.
Beim Pt. 1432 kann man durch eine kurze Felsscharte und über ein Felsband zum Eingang der Cave Noire gelangen. Hier ist Trittsicherheit nötig. Mit einer Taschenlampe kann man die ca. 20 Meter lange Höhle besichtigen. Man kraxelt über Steinblöcke und kriecht um ein paar Kurven. Ab und zu muss man den Kopf einziehen oder sich bücken. Plötzlich steht man in einem Saal. Von weit oben fällt etwas Tageslicht durch ein Loch im Höhlendach. Auf dem gleichen Weg geht man wieder zurück auf den Grat. Links vom Wanderweg führt ein kurzer Trampelpfad zum Loch, wo man von oben in den Höhlensaal schauen kann.
Es ist recht unscheinbar im Waldboden.
Nach dem Höhlenabenteuer folgt man weiter dem Grat bis zum Mont de Baulmes, wo es einen Aussichtspunkt mit Panoramatafel und eine Bergbeiz hat. Von dort geht man durch den Wald hinunter in ein kleines Moor und dann parallel zur Bahnlinie nach Ste-Croix zurück.
Man geht durch die Rue de la Sagne zur Av. des Alpes hinauf und dann schräg rechts zum Hôtel de France, wo man verschiedene Biere der Brasserie La Concorde trinken kann. Das Hotel liegt ca. 5 Minuten vom Bahnhof entfernt.

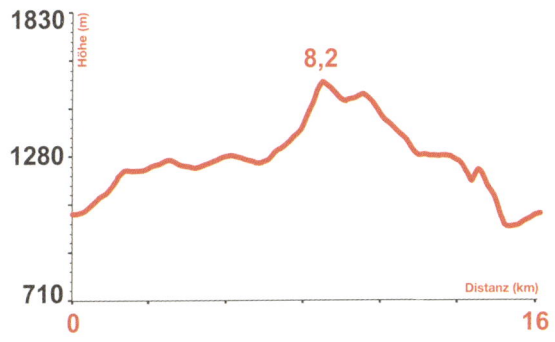

RÜCKFAHRT

Die Bahnfahrt nach Yverdon ist ein spezielles Erlebnis. Aber auch die Postautofahrt über den Col des Etroits nach Buttes und die anschliessende Bahnfahrt durch das Val de Travers sind schön.

CAFÉ DE LA GITTAZ
La Gittaz-dessous
024 454 38 38
www.lagittaz.ch

RESTAURANT DU MONT-DE-BAULMES
024 454 24 89

BRASSERIE LA CONCORDE
Route de la Torche 2
1337 Vallorbe
www.brasserielaconcorde.ch

HÔTEL DE FRANCE
rue Centrale 25
1450 Ste-Croix/VD
024 454 38 21
www.hotelfrance.ch

SEHENSWÜRDIGKEITEN
- Creux des Neiges, riesige Doline
- Cave Noire, begehbare Höhle

ALLSCHWIL

ABWECHSLUNGSREICHER SPAZIERGANG NACH BASEL

BL

AUSGANGSORT **SCHÖNENBUCH**	**ZIEL** **BASEL ANDREASPLATZ**
BIER **UNSER BIER**	**ANFORDERUNGEN** **SPAZIERGANG** (KURZES STÜCK SCHMALER WEG) 
KARTE **BLATT 213** (BASEL)	**WANDERZEIT** **2¼ STD., 10 KM**
SEHENSWÜRDIGKEIT **RIEGELHÄUSER IN ALLSCHWIL**	**HÖHENUNTERSCHIED** **AUF 40 M, AB 150 M**

 STROHBLOND

 FRUCHTIG

 SCHLANK

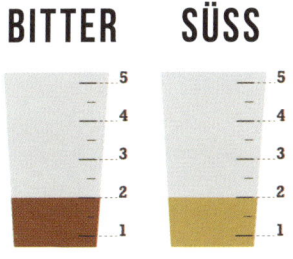

WEGBESCHREIBUNG

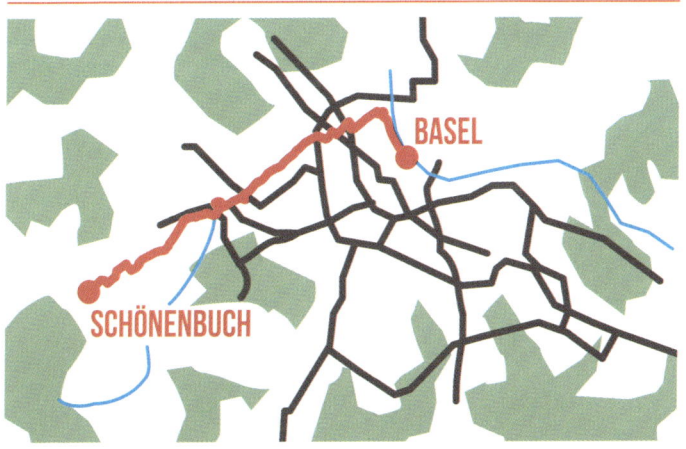

Schönenbuch (360 m) ➔ Allschwil ➔ Basel (244 m)

Schönenbuch erreicht man mit dem Bus Nummer 33 ab Basel.

Man folgt dem Wanderweg via Allschwil zum Kannenfeldplatz in Basel. Ich beschreibe hier die kürzere Variante via Ziegelschür. Dieser Weg führt zuerst am Waldrand und dann am Lützelbach entlang in den alten Dorfkern von Allschwil mit den typischen Sundgauer Riegelhäusern. Dann geht es ca. 500 Meter neben der vielbefahrenen Hauptstrasse weiter, bis man den Dorfbach erreicht. Ab hier verläuft der Weg auf einem Erddamm unter schattigen Bäumen. Nach ca. 2 Kilometern verschwindet der Bach unter dem Boden. Man geht durch ein paar Quartierstrassen zum Kannenfeldpark. Man durchquert den Park mit seinen uralten Bäumen und geht dann nach rechts zum Kannenfeldplatz.

Hier steht ein Wanderwegweiser, der in die Richtung, aus der man kommt, nach Schönenbuch zeigt, was ja auch stimmt. In die andere Richtung heisst es aber nur Wanderweg. Man folgt diesem Wanderweg mit unbekanntem Ziel und erreicht beim St. Johannpark den Rhein. Man geht nach rechts und folgt der Uferpromenade flussaufwärts. Auf dem breiten Fluss herrscht ein munteres Treiben von Wasservögeln und Frachtschiffen.

Bei der zweiten Brücke steigt man hinauf zur Bus- und Tram-Haltestelle Schifflände. Hier zweigt man nach rechts ab auf den Wanderweg Richtung Zolli bis zur nächsten Tramhaltestelle, dem Marktplatz. Dort geht man nach rechts durch die Sattelgasse zum Andreasplatz. Im Baizli Ängel oder Aff auf dem gemütlichen Platz kann man Unser Bier trinken.

In der Altstadt bekommt man Unser Bier in verschiedenen Restaurants. Auf der Website der Brauerei hat es eine Liste.

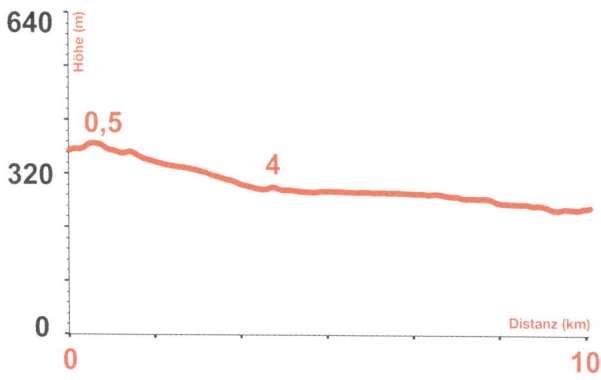

RÜCKFAHRT

Zurück zum Marktplatz und mit dem Tram nach Basel SBB.

ÄNGEL ODER AFF
Andreasplatz 15
4051 Basel
078 870 41 42
www.aengeloderaff.ch

BRAUEREI UNSER BIER
Gundeldingerstr. 287
4053 Basel
061 338 83 83
www.unser-bier.ch

SEHENSWÜRDIGKEITEN
- Riegelhäuser in Allschwil
- Kannenfeldpark, grösster Park in Basel mit vielseitiger Vegetation

ALP SIGEL

EIN FELSRIEGEL IM APPENZELLERLAND

AUSGANGSORT	**ZIEL**
SCHWENDE	WASSERAUEN
BIER	**ANFORDERUNGEN**
QUÖLLFRISCH	BERGTOUR
KARTE	
BLATT 227	**WANDERZEIT**
(APPENZELL)	4¼ STD., 9 KM
SEHENSWÜRDIGKEIT	**HÖHENUNTERSCHIED**
BEMALTE FASSADE DES GASTHAUSES ALPENROSE	AUF 870 M, AB 840 M

 GOLDGELB

 FRISCH

 RUND, MALZIG

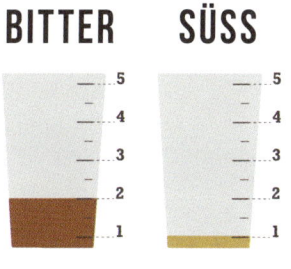

WEGBESCHREIBUNG

Schwende (842 m) → Zahme Gocht (1662 m) → Alp Sigel → Wasserauen (872m)

Schwende erreicht man mit der Appenzellerbahn ab Gossau oder Appenzell (Halt auf Verlangen).

Vom Bahnhof Schwende folgt man dem Wanderweg nach Zahme Gocht–Alp Sigel. Er führt über einen Bergrücken zum Steilhang unter der imposanten Felswand. Im Zickzack geht es an der Alp Bärstein vorbei zum Fuss der Felswand. Auf dem steilen Weg gewinnt man rasch an Höhe. Eine Felsspalte ermöglicht den Aufstieg durch die senkrechte Wand. Der Weg ist gut sichtbar und mit Drahtseilen gesichert.

Plötzlich steht man auf einer kleinen Hochebene mit Aussicht ins ganze Alpsteinmassiv und weit über den Bodensee.

In einer Viertelstunde erreicht man die Hütten der Alp Sigel. Hier zweigt man rechts ab auf den Wanderweg nach Mans–Wasserauen. Über Weiden und durch einen schönen Wald geht es fast ebenaus zur Alp Mans. Der weitere Abstieg nach Wasserauen ist zwar steil, aber auf dem guten Weg leicht zu bewältigen. Am Schluss führt er durch ein Tobel mit schönen Wasserfällen und Felsformationen. Kurz vor Wasserauen teilt sich der Weg. Man kann gerade hinunter zum Gasthaus Alpenrose oder quer durch den Hang zum Bahnhof ins Gartenrestaurant gehen. An beiden Orten gibt es Appenzeller Biere wie das Quöllfrisch.

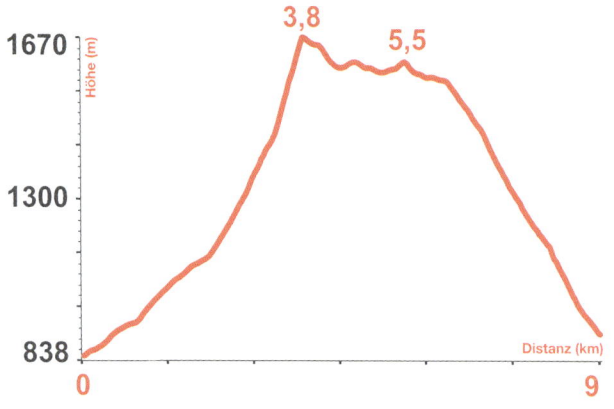

RÜCKFAHRT

Von Wasserauen fährt die Appenzellerbahn nach Appenzell und Gossau.

GASTHAUS ALPENROSE
9057 Wasserauen
071 799 11 33
www.alpenrose-ai.ch

GARTENRESTAURANT
Bahnhof Wasserauen

APPENZELLER BIER
Brauerei Locher AG
Brauereiplatz 1
9050 Appenzell
071 788 01 40
www.appenzellerbier.ch

SEHENSWÜRDIGKEIT
- Bemalte Fassade des Gasthauses Alpenrose

ARNISEE

EIN KLEINER SEE HOCH ÜBER DEM REUSSTAL

UR

AUSGANGSORT SILENEN DÄGERLOHN	**ZIEL** # ARNISEE
BIER # STIÄR BIÄR	**ANFORDERUNGEN** BERGTOUR
KARTE BLATT 246 (KLAUSENPASS) BLATT 256 (DISENTIS/MUSTÉR)	**WANDERZEIT** 3¼ STD., 5 KM
SEHENSWÜRDIGKEIT # ARNISEE	**HÖHENUNTERSCHIED** AUF 920 M, AB 60 M

 GOLD-HELL

 HERB, ERDNUSS

 HERB-BITTER

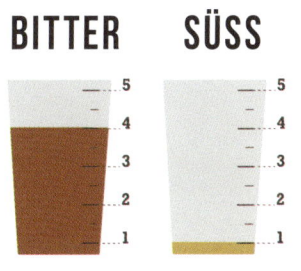

WEGBESCHREIBUNG

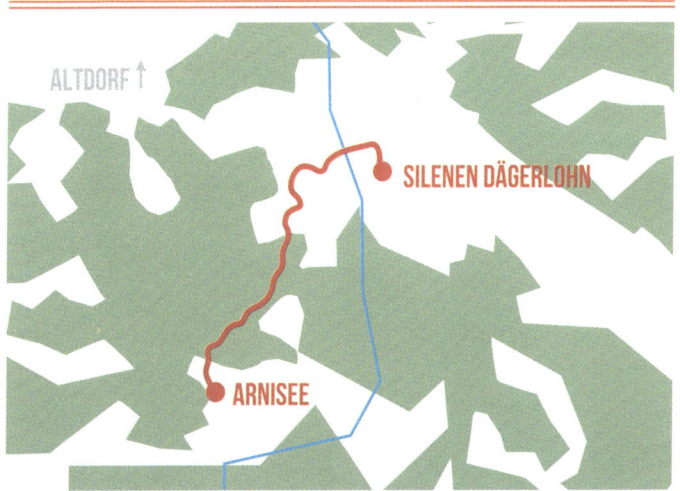

Silenen Dägerlohn (510 m) → Vorder Arni
→ Arnisee (1370 m)

Diese Wanderung eignet sich gut für heisse Sommertage. Wenn man früh losgeht, kann man den grössten Teil des Aufstiegs im Schatten machen.
Bei Gewitter oder nach einer langen Regenperiode ist die Wanderung jedoch nicht zu empfehlen.

Dreimal überquert man einen Bach, der bei grossen Wassermengen gefährlich sein kann.
Silenen Dägerlohn liegt an der Buslinie Erstfeld–Göschenen. Von der Bushaltestelle Dägerlohn folgt man dem Wanderweg zum Arnisee. Nach ca. fünf Minuten zweigt man links ab und folgt dem Wanderweg Richtung Reussdammwege. Man überquert die Reuss und die Autobahn. Dann zweigt der Weg zum Arnisee rechts hinauf ab.
Der Weg ist sehr gut angelegt und führt gleichmässig durch den steilen Bergwald hinauf. Im unteren Teil wird er wenig begangen und ist fast zugewachsen. Abenteuerlustige kommen hier auf ihre Rechnung. Beim Pt. 676 (nur auf der 25 000er-Karte eingezeichnet) mündet ein anderer Weg ein. Ab hier ist der Weiterweg zum Arnisee gut sichtbar.
Im Zickzack geht es auf 1300 Meter hinauf. Dann verlässt man den Wald und wandert auf Wiesenwegen mit einer schönen Aussicht weiter. Kurz vor dem Arnisee erreicht man das Berggasthaus Arnisee, wo man das Stiär Biär bekommt.
Vom Berggasthaus zur Seilbahnstation wären es noch zehn Minuten. Der Weg am See ist aber so schön, dass man vielleicht mehr Zeit braucht. Die Bergstation ist neben dem Berggasthaus Alpenblick.

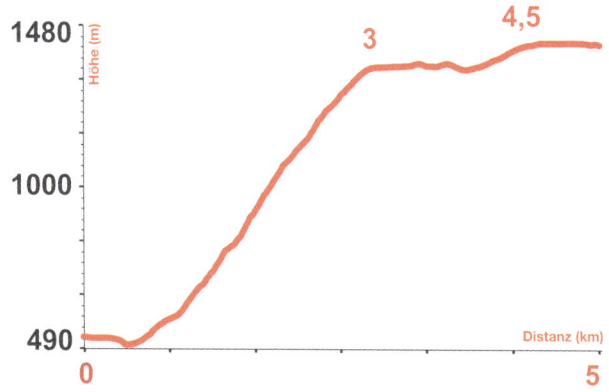

RÜCKFAHRT

Mit der Luftseilbahn nach Intschi. Direkt bei der Talstation ist das Restaurant Schäfli. Dort hält auch der Bus Erstfeld–Göschenen.

BERGGASTHAUS ARNISEE
041 883 12 83

KLEINBRAUEREI
Stiär Biär AG
Postfach 48
6467 Schattdorf
041 870 65 80
www.kleinbrauerei.ch

LUFTSEILBAHN INTSCHI- ARNISEE
Gotthardstrasse
6476 Intschi
041 883 16 88
www.arnisee.ch

BERGGASTHAUS ALPENBLICK
041 883 03 42

GASTHAUS SCHÄFLI
Gotthardstrasse
6476 Intschi
041 883 11 40
www.schaefli-intschi.ch

SEHENSWÜRDIGKEIT
- Arnisee

BABENTAL

EINZIGE ALP IM KANTON SCHAFFHAUSEN

SH

AUSGANGSORT	**ZIEL**
OBERHALLAU	SCHLEITHEIM
BIER	**ANFORDERUNGEN**
STAMMHAUSBIER	WANDERUNG
KARTE	
BLATT 405	**WANDERZEIT**
SCHAFFHAUSEN, STEIN AM RHEIN	3¼ STD., 12 KM
SEHENSWÜRDIGKEIT	**HÖHENUNTERSCHIED**
SCHMUCKES BUSWARTEHÄUSCHEN	AUF 310 M, AB 270 M

4.8% ALKOHOLGEHALT

LAGER NATURTRÜB

 HELL

 HEFE, ZITRUS

 LEICHT BITTER, TROCKEN

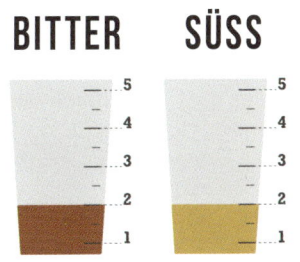

WEGBESCHREIBUNG

Oberhallau (434 m) → Hammel (615 m) → Siblingerhöhe → Babental → Schleitheim (470 m)

Oberhallau erreicht man mit dem Bus ab Schaffhausen und Neunkirch.

Bei der Bushaltestelle Oberhallau sieht man nur einen Wegweiser mit Wanderweg in beide Richtungen. Der Wegweiser mit Ortsangaben steht in der Nähe der Kirche.

Von hier folgt man dem Wanderweg nach Hinter Berghöf. Er führt durch das stattliche Winzerdorf und dann durch die Rebberge hinauf nach Hinter Berghöf auf dem Oberhallauerberg. Von dort folgt man dem Wanderweg zur Siblingerhöhe. Bald kann man die Strasse verlassen. Wenn nicht gerade der Mais hoch ist, hat man eine schöne Aussicht in die Alpen.
Bei der Siblingerhöhe überquert man die Strasse und folgt dem Wanderweg nach Babental. Er führt durch einen Mischwald am Fuss des Lang Randen.
Im Frühling kann man hier Bärlauch finden.
Das Babental ist die einzige Alp im Kanton Schaffhausen. Ausserdem gibt es eine Wirtschaft, wo man das Bier Bobedel oder Stammhausbier trinken kann. Bobedel wird von der Brauerei Lolle Bräu mit Quellwasser vom Babental in Neuhausen gebraut. Sollte es mal ausgegangen sein, gibt es Stammhausbier der Brauerei Falken aus Schaffhausen. Bis hier braucht man 2¼ Std.
Zwischen der Brauerei Falken und den Gewerkschaften wurde 1886 der erste Gesamtarbeitsvertrag in der Schweiz abgeschlossen.
Vom Babental folgt man dem Wanderweg nach Schleitheim. Er führt durch eine weite Landschaft mit riesigen Feldern. In Schleitheim bleibt man auf dem Wanderweg, bis man nach der Bushaltestelle Adler rechts eine Fussbrücke sieht. Man überquert sie und erreicht so die Post. Hier halten alle Busse. Vom Babental bis zur Post braucht man eine Stunde.

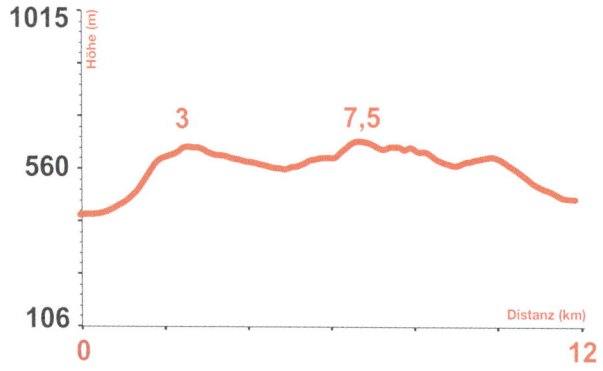

RÜCKFAHRT

Mit dem Postauto über die Siblingerhöhe nach Schaffhausen.

ALP-RESTAURANT BABENTAL
052 680 12 72
www.alprestaurant-babental.ch

LOLLE BRÄU
Zelgstrasse 9
8212 Neuhausen
079 780 1272
www.lollebraeu.ch

BRAUEREI FALKEN
Brauereistrasse 1
8201 Schaffhausen
052 632 00 00
www.falken.ch

SEHENSWÜRDIGKEITEN
- Schmuckes Buswartehäuschen auf der Siblingerhöhe
- Kleintiergehege im Babental

BALDERN

AUF DEN SPUREN VON BERGPIONIERINNEN

AUSGANGSORT	**ZIEL**
TÜRLERSEE	ZÜRICH
BIER	**ANFORDERUNGEN**
APA	WANDERUNG
KARTE	
BLATT 225	**WANDERZEIT**
(ZÜRICH)	5 ½ STD, 19 KM
SEHENSWÜRDIGKEIT	**HÖHENUNTERSCHIED**
TÜRLERSEE BALDERNSTEIN	AUF 460 M, AB 690 M

 **5.3% ALKOHOLGEHALT** — AMERICAN PALE ALE

 HELL

 FRUCHTIG-BLUMIG

 GRAPEFRUIT, PASSIONSFRUCHT

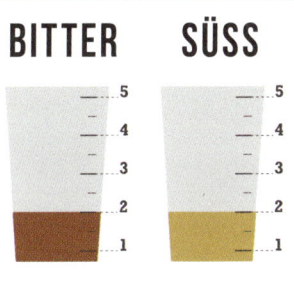
BITTER / SÜSS

WEGBESCHREIBUNG

Türlersee (643m) → Müliberg → Dachs
→ Dürrenbach → Aegerten → Balderen
→ Annaburg (800 m) → Albisgüetli → Panoramaweg
→ Zürich Binz

Die Haltestelle Türlersee liegt an der Postautolinie Bahnhof Wiedikon - Hausen am Albis.

Man beginnt die Wanderung mit dem Türlersee-Rundweg (im Uhrzeigersinn schöner aber 20 Minuten länger). Vom nördlichen Ende des Sees folgt man dem Wanderweg nach Müliberg. Beim Aufstieg hat man einen schönen Blick auf den Türlersee und in die Alpen. Von Müliberg geht man weiter zum Rastplatz Dachs und verlässt dort den markierten Wanderweg. Man geht nordwärts auf dem Weg, der zwischen den beiden Holzgebäuden beginnt. Nach ca. 1,5 Kilometern erreicht man den Waldrand in der Nähe des Hofs Dürrenbach, wo man wieder auf einen Wanderweg trifft (Wegweiser ohne Ortsangabe). Man geht direkt beim Waldrand nach rechts, nicht beim grossen Wegweiser weiter vorn.

Man folgt dem Waldrand östlich von Dürrenbach mit Blick auf ein kleines Ried und erreicht nach ca. 20 Minuten den nächsten Wanderwegweiser, von wo man weiter Richtung Buechholz geht. Kurz darauf findet sich ein grosser Stein neben dem Weg. Vielleicht ist das einer der vielen Keltensteine in dieser Gegend.

Kurz vor Bonstetten nimmt man den Wanderweg nach Ägerten. Er führt ins Reppischtal hinunter und zur Postautohaltestelle Aegerten. Hier überquert man die Strasse und steigt auf einem bequemen Weg durch den steilen Hang zur Balderen hinauf. In der nahegelegenen Burg lebten vor langer Zeit Hildegard und Bertha, die Gründerinnen der Stadt Zürich. Dieser Ort gab "meiner" SAC-Sektion Baldern ihren Namen. Eine kleine Tafel erinnert an die Gründung dieser Sektion im Jahr 1921, damals noch Frauenalpenclub Zürich geheissen.

Von der Balderen geht man auf dem breiten Bergrücken Richtung Uetliberg und geniesst die Aussicht auf beide Seiten. Nach ca. 50 Minuten, kurz nach dem Rastplatz Annaburg, geht man rechts hinunter zum Albisgüetli.

Kurz vor der Tramhaltestelle Albisgüetli zweigt man links auf den Panoramaweg (blaues Strassenschild) ab. Nach ca. 15 Minuten zweigt man nach rechts ab und geht auf dem Borrweg bergab. Nach ca. 10 Minuten zweigt rechts ein Fussweg ab. Über eine Treppe gelangt man auf einen Parkplatz und dann auf die Räffel-Strasse. Hier geht man nach links. Im Restaurant Daizy an der Räffel-Strasse 28 und direkt in der Brauerei an der Räffel-Strasse 26 kann man Dr. Brauwolf-Bier trinken.

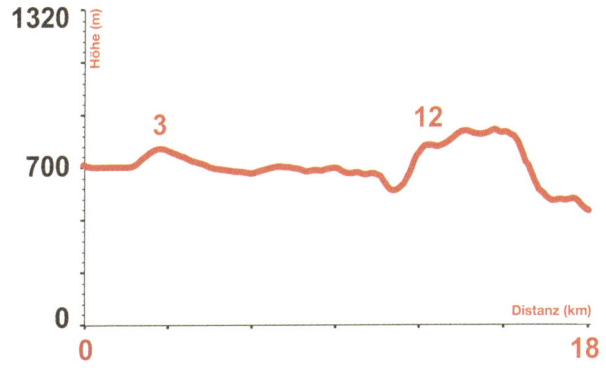

ABKÜRZUNG

Wenn man die Wanderung in Aegerten (Postautos ab Birmensdorf und ab Bahnhof Zürich Wiedikon) beginnt, dauert sie 2,5 Stunden.

RÜCKFAHRT

Man geht ein paar Schritte zurück zur Bushaltestelle Grubenstrass, von wo man zum Bahnhof Zürich Wiedikon fahren kann.

RESTAURANT DAIZY
Räffelstrasse 28
8045 Zürich
043 333 03 28
https://daizy.ch

DR. BRAUWOLF
Räffelstrasse 26
8045 Zürich
https://drbrauwolf.ch

SAC BALDERN
www.sac-baldern.ch

SEHENSWÜRDIGKEITEN
- Türlersee
- Baldernstein

BÄRENPARK

VON KRAUCHTHALER SANDSTEINFELSEN ZU DEN BERNER BÄREN

BE

AUSGANGSORT **KRAUCHTHAL**	**ZIEL** **BÄRENPARK BERN**
BIER **TRAM-MÄRZEN**	**ANFORDERUNGEN** **BERGTOUR**
KARTE **BLATT 243** (BERN) **BLATT 233** (SOLOTHURN)	**WANDERZEIT** **4½ STD., 16 KM**
SEHENSWÜRDIGKEIT **FLUEHÜSLI**	**HÖHENUNTERSCHIED** **AUF 530 M, AB 600 M**

 BERNSTEINFARBIG

 MALZAROMATISCH

 VOLLMUNDIG

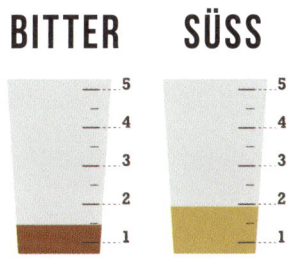

WEGBESCHREIBUNG

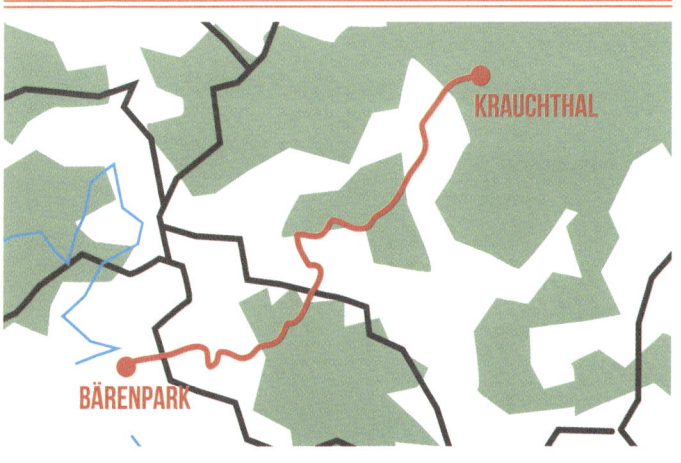

Krauchthal (585 m) → Chlosteralp → Bantiger (947 m) → Deisswil → Ostermundigen → Bern (540 m)

Krauchthal liegt an der Postautolinie Hindelbank-Bolligen, die beide zum S-Bahn-Netz Bern gehören.

Die ganze Strecke ist als Wanderweg (gelb) markiert. Aber der erste Teil des Grates erfordert Trittsicherheit, darum die Einstufung als Bergtour. Besonders bei Nässe ist Vorsicht nötig.

Auch in Krauchthal wird gebraut. Das Bier heisst Hardeggerperle und kann im Volg gekauft werden. Der Laden steht an der Strasse Richtung Bolligen nicht weit von der Post.
Von der Post Krauchthal folgt man dem Wanderweg zum Bantiger, der bald von der Hauptstrasse nach rechts abzweigt und zum Fuss des Grates führt. Nach ein paar Höhenmetern wird der Grat schmal. Der Weg schlängelt sich über und neben imposanten Sandsteinfelsen durch. Einige Stellen sind mit Drahtseilen gesichert. Eine natürliche Höhle wurde zu einem Wohnhaus, dem Fluehüsli, ausgebaut. Bei der Chlosteralp wird der Grat zu einem breiten Bergrücken, auf dem man bequem den Bantiger erreicht. Der Gipfel ist bewaldet. Wer die prächtige Aussicht geniessen will, steigt auf den Aussichtsturm.
Für den Abstieg wählt man den Wanderweg nach Deisswil. Er führt durch das Dorf Bantigen am Brügstock-Beizli mit Hofladen vorbei und dann hinunter zur Strasse zwischen Flugbrunnen und Ferenberg. Man überquert die Strasse und geht auf einem Feldweg weiter. Mitten im Feld hat es eine Abzweigung ohne Markierung. Hier geht man nach links. Der Weiterweg nach Deisswil ist problemlos zu finden.
Von Deisswil geht man über eine Treppe und durch den Wald nach Rüti hinauf und dann zwischen den Häusern hindurch Richtung Bushaltestelle, bis der Wanderweg nach "Steinbrüche Ostermundigen" nach links abzweigt. Er führt durch den Wald und je näher man der Stadt kommt, umso mehr Wege hat es nach Ostermundigen. Man nimmt bei jeder Abzweigung den Weg Richtung "Ostermundigen Bus" bis zum Waldrand. Ab hier folgt man dem Weg zum Bärengraben. Er führt durch Quartierstrassen, dann über einen bewaldeten Hügel und schliesslich an alten Villen vorbei zum Bärenpark an der Aare hinunter.
Im Alten Tramdepot direkt neben dem Bärenpark werden keine Trams mehr gewartet, sondern es wird Bier gebraut und ausgeschenkt.

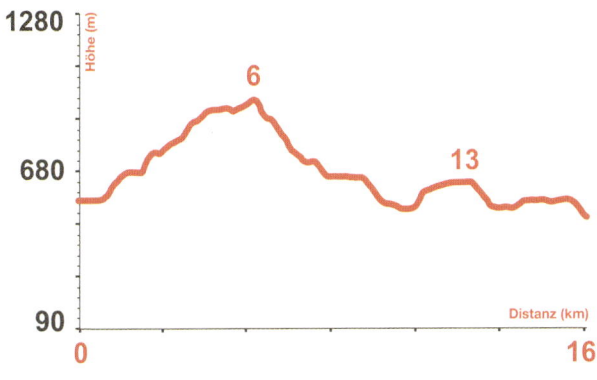

RÜCKFAHRT

Man fährt mit dem Bus Nummer 12 zum Hauptbahnhof Bern. Die Haltestelle befindet sich bei der Brücke. Oder man überquert die Aare auf der Nydeggbrücke und geht alles geradeaus durch die Altstadtgassen zum Bahnhof. Das verlängert die Wanderung um etwa eine halbe Stunde.

VOLG KRAUCHTHAL
Länggasse 17
3326 Krauchthal/BE
034 411 14 64

BRÜGSTOCK-BEIZLI MIT HOFLADEN
Bantigen
031 931 49 67

ALTES TRAMDEPOT BRAUEREI, RESTAURANT
Grosser Muristalden 6
3006 Bern
031 368 14 15
www.altestramdepot.ch

SEHENSWÜRDIGKEITEN
- Fluehüsli
- Aussichtsturm
- Bärenpark Bern
  www.baerenpark-bern.ch

BRUDERHOLZ

VOM NAHERHOLUNGSGEBIET IN DIE ALTSTADT

BL

AUSGANGSORT	**ZIEL**
ETTINGEN	BASEL
BIER	**ANFORDERUNGEN**
UELI BIER	WANDERUNG
KARTE	
BLATT 213	**WANDERZEIT**
(BASEL)	3¼ STD., 15 KM
SEHENSWÜRDIGKEIT	**HÖHENUNTERSCHIED**
ZOO BASEL	AUF 200 M, AB 270 M

 GOLDGELB

 FRUCHTIG

 NELKE

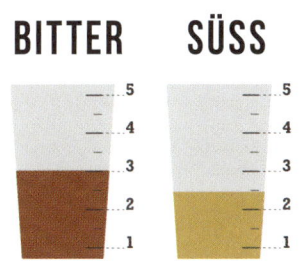

WEGBESCHREIBUNG

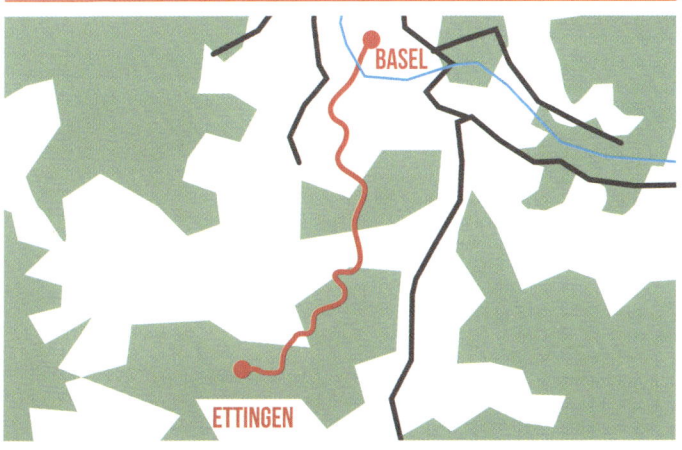

Ettingen (329 m) → Bottmingen → Basel (244 m)

Ettingen erreicht man mit dem Tram Nummer 10 ab Basel SBB.

Man folgt dem Wanderweg nach Basel / St. Margarethen. Nach den letzten Häusern von Ettingen geht man über eine weite Ebene, dann durchquert man einen Wald bis zum Bruderholz. An der zweiten Wegkreuzung nach dem Waldrand (links vom Buchstaben "d" von Bruderholz auf der 50 000er-Karte) ist ein Wegweiser verdreht. Hier geht es nicht nach links, sondern weiter geradeaus. Immer wieder hat man Aussicht in den Schwarzwald und in die Vogesen. In Bottmingen durchquert man ein Einfamilienhaus-quartier immer leicht absteigend. Dort wo die Strasse wieder ansteigt, zweigt man nach links ab. Der gelbe Wegweiser ist versteckt hinter den weissen Rollstuhlwanderwegweisern. Kurz darauf geht man nach rechts und hat bald wieder eine schöne Aussicht, diesmal auch auf die Stadt Basel.

Von der Tramhaltestelle Margarethen geht man auf dem Jubiläumsweg weiter (Pruntruterstrasse). An der Tramhaltestelle Zoo vorbei kommt man an die Birsig und dann durch die Altstadt an die Schifflände. Ab hier geht man auf dem Erasmus-Stadtrundgang weiter. Er ist markiert mit einem roten Kopf und einem roten Pfeil auf einer blauen Tafel. Man folgt ihm über den Rheinsprung (das ist eine Gasse) bis zum Münster. Vor dem Münster geht man nach links zur Pfalz, wo man einen weiten Blick über den Rhein hat.

Man steigt eine Treppe hinunter zur Anlegestelle der Fähre und lässt sich gemütlich über den Rhein fahren. Dann geht man ein paar Meter flussabwärts bis zum Referenzgässlein, durch das man in die Rheingasse geht. In der Fischerstube wird das Ueli Bier gebraut und ausgeschenkt.

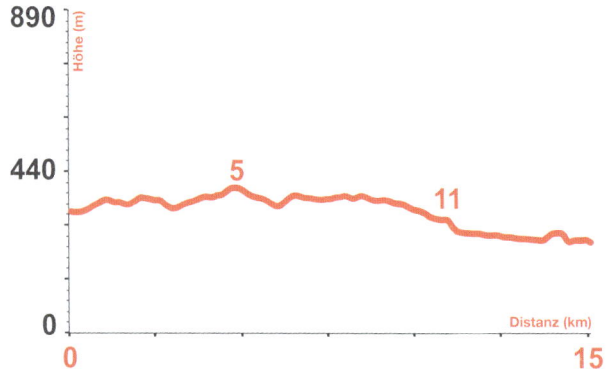

RÜCKFAHRT

Man geht von der Fischerstube nach rechts durch die Rheingasse zur Tramhaltestelle Rheingasse und fährt mit dem Tram Nummer 8 nach Basel SBB.

UELI BIER
Brauerei und Restaurant Fischerstube
Rheingasse 45
4058 Basel
061 692 92 00
www.restaurant-fischerstube.ch
www.uelibier.ch

SEHENSWÜRDIGKEITEN
- Zoo Basel
  www.zoobasel.ch
- Rheinfähre
  www.faehri.ch

BUCHEGGBERG

WALDRÄNDER UND JURABLICK

SO

AUSGANGSORT	**ZIEL**
LYSS	OBERWIL
BIER	**ANFORDERUNGEN**
CHRÜPFE	WANDERUNG
KARTE	
BLATT 233	**WANDERZEIT**
(SOLOTHURN)	3 STD., 12 KM
SEHENSWÜRDIGKEIT	**HÖHENUNTERSCHIED**
DORFKERN VON SCHNOTTWIL	AUF 200 M, AB 160 M

AMBER
UNFILTRIERT
NATURTRÜB

 ROT-BRAUN

 BALANCE ZWI-
SCHEN BITTER
UND SÜSS

 MALZAROMA

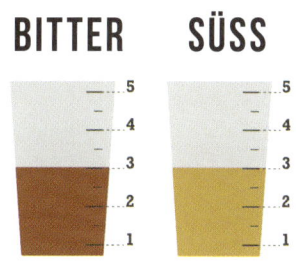

WEGBESCHREIBUNG

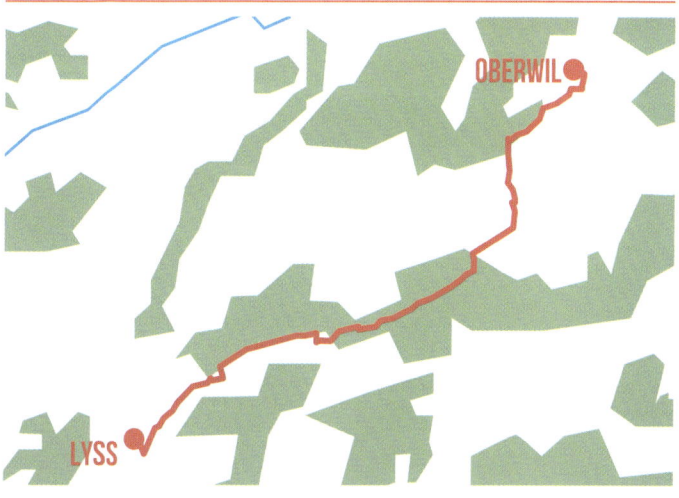

Lyss (444m) ➔ Hardern ➔ Forsthaus (543m) ➔ Schnottwil
➔ Chilchenholz ➔ Oberwil (488m)

Lyss liegt an den Bahnlinien Kerzers - Büren a.A. und Biel
- Thun.

Vom Bahnhof Lyss folgt man dem Wanderweg nach
Schnottwil. Die ersten zehn Minuten geht man neben einer
vielbefahrenen Strasse. Wer sich das ersparen will, kann

mit dem Bus 362 zum Berufsschulhaus fahren. Kurz nach der Bushaltestelle geht es durch eine Quartierstrasse bergauf. Schon bald erreicht man den Ortsrand, von wo man einen Abstecher zu einem Aussichtsturm machen kann. Der Wanderweg verläuft ab hier auf einer Kiesstrasse. Dem Waldrand entlang geht es ins Dorf Hardern und dann weiter zum nächsten Waldrand. Oberhalb des Dorfes Diessbach hat man Aussicht in den Jura. Dann geht es leicht ansteigend durch den Wald zum Forsthaus, dem höchsten Punkt dieser Wanderung. Bald erreicht man das Dorf Schnottwil, wo ein paar schöne Häuser am Strassenrand stehen. Von der Post Schnottwil folgt man dem Wanderweg nach Oberwil. Am Waldrand des Chilcheholz errinnern ein hölzernes Strassenschild "Alte Bernstrasse" und ein alter Grenzstein etwas rechts vom Wanderweg an historische Verkehrswege.

Kurz vor Oberwil sieht man das ganze Weissensteinmassiv vom Grenchenberg bis zum Balmfluechöpfli.

In Oberwil gibt es zwei Möglichkeiten, Chrüpfe Bier zu trinken. Wenn die Brauerei geöffnet ist, geht man bei der ersten Wanderwegabzweigung Richtung Mühledorf bis zur Brauerei an der Strasse Möösli 32. Zu den anderen Zeiten folgt man dem Wanderweg Richtung Büren a. A. an der Postautohaltestelle Oberwil Dorf vorbei zum Gasthof Bären.

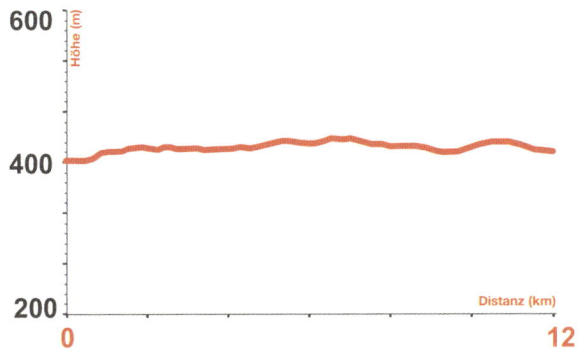

RÜCKFAHRT

Von der Brauerei geht man zurück ins Dorf und folgt dann noch 100 Meter dem Wanderweg Richtung Büren a. A. bis zur Postautohaltestelle Oberwil Dorf. Oberwil liegt an der Postautolinie Zollikofen - Büren an der Aare. Einige Postautos fahren von Büren weiter nach Solothurn.

BÄREN OBERWIL
www.baeren-oberwil.ch

CHRÜPFE BIER
www.chruepfebier.ch

SEHENSWÜRDIGKEITEN
- Dorfkern von Schnottwil
- alter Grenzstein

CHASSERAL

DURCH ENGE SCHLUCHTEN AUF DIE WEITEN DES JURA

BE

AUSGANGSORT **VILLERET**	**ZIEL** **COURTELARY**
BIER **ALBERTUS**	**ANFORDERUNGEN** **BERGTOUR**
KARTE **BLATT 232** (VALLON DE ST-IMIER)	**WANDERZEIT** **6 STD., 17 KM**
SEHENSWÜRDIGKEIT **COMBE GRÈDE, SCHLUCHT**	**HÖHENUNTERSCHIED** **AUF 930 M, AB 980 M**

HELL
FILTRIERT
UNTERGÄRIG

 HELLGOLD

 HONIG

 GETREIDIG

BITTER   SÜSS

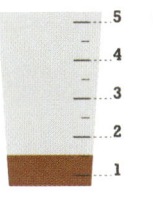 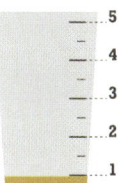

WEGBESCHREIBUNG

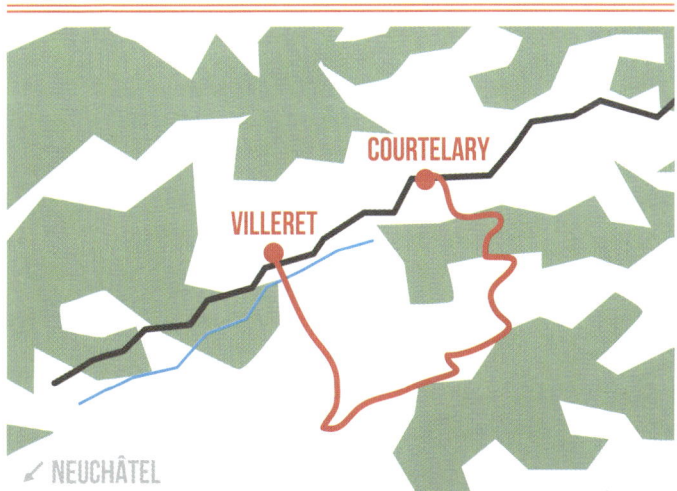

Villeret (763 m) → Combe Grède → Chasseral (1607 m)
→ La Neuve → Métairie du Milieu de Bienne
→ Petite Douanne → Courtelary (701 m)

Villeret liegt an der Bahnlinie Biel–
La Chaux-de-Fonds.

Der Weg durch die Combe Grède ist sehr gut angelegt und unterhalten. Er braucht aber Trittsicherheit.

Die Steine sind oft feucht und ein wenig glitschig.
Bei Schnee und Eis ist der Weg gefährlich. Steinschlag ist nicht ganz auszuschliessen. Ein paar Steilstufen werden mit Leitern überwunden, die für Hunde nicht geeignet sind. Schon vom Bahnhof Villeret aus sieht man die Schlucht, die schnurgerade durch den Wald zum Chasseral hinaufführt. Man folgt dem Wanderweg nach Combe Grède–Chasseral zum Dorf hinaus in die Schlucht. Anfangs noch flach, dann immer steiler geht es zwischen fast senkrechten Felswänden bergauf. Unterwegs kann man die verschiedenen Schichten bewundern und die Strudeltöpfe, die das Wasser gegraben hat.
In Pré aux Auges, bei einem Rastplatz mit Brunnen, verlässt man die Schlucht. Kurz nach dem Rastplatz gibt es zwei Möglichkeiten, auf den Chasseral zu gelangen. Hier geht man nach rechts. Durch ein kleines Tal und über den Gipfelhang erreicht man den Grat in der Nähe des Hôtel Chasseral. Plötzlich hat man eine weite Aussicht auf die Alpen und über die drei Juraseen.
Von hier folgt man dem Wanderweg zur Métairie du Milieu de Bienne. Er verläuft auf dem Grat zum Chasseral/Signal und führt direkt unter dem Sendeturm durch. Man geht noch einen guten Kilometer weiter und verlässt dann den Grat nach links. Über La Neuve geht man zur Métairie du Milieu de Bienne. In diesem gemütlichen Alpbeizli gibt es das Bier der Brauerei Egger.
Von der Métairie geht man via Petite Douanne nach Courtelary hinunter. Auf den Weiden ist der Wanderweg nicht immer gut sichtbar. Da es zwischen einzelnen Markierungen manchmal grosse Abstände hat, lohnt sich ab und zu ein Blick in die Karte.

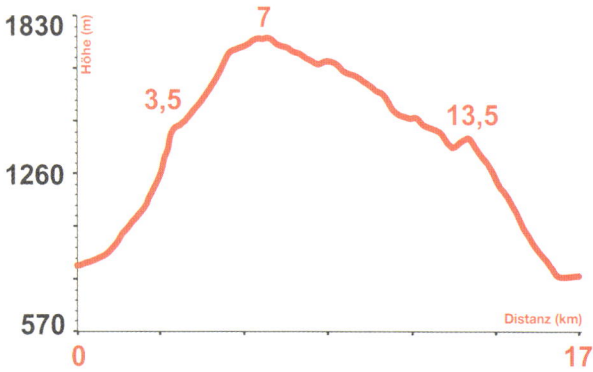

RÜCKFAHRT

Courtelary liegt an der Bahnlinie Biel–
La Chaux-de-Fonds.

HÔTEL CHASSERAL
032 751 24 51
www.chasseral-hotel.ch

MÉTAIRIE DU MILIEU DE BIENNE
032 943 10 34

EGGER BIER
Brauereiweg 3
3076 Worb
031 838 14 14
www.eggerbier.ch

SEHENSWÜRDIGKEIT
- Combe Grède, Schlucht

CHRÜZHUBEL

ZWISCHEN PILATUS UND ENTLEBUCH

AUSGANGSORT **MALTERS**	**ZIEL** **LUZERN**
BIER **LUZERNER BIER**	**ANFORDERUNGEN** **WANDERUNG**
KARTE **BLATT 235** **(ROTKREUZ)**	**WANDERZEIT** **4¾ STD., 15 KM**
SEHENSWÜRDIGKEIT **RÄNGGLOCH, SCHLUCHT**	**HÖHENUNTERSCHIED** **AUF 790 M, AB 840 M**

 **5.0%** ALKOHOL-GEHALT

UNFILTRIERT
NATURTRÜB
UNTERGÄRIG

 GOLDGELB

 HOPFIG

RUND

BITTER **SÜSS**

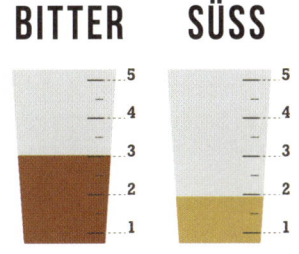

WEGBESCHREIBUNG

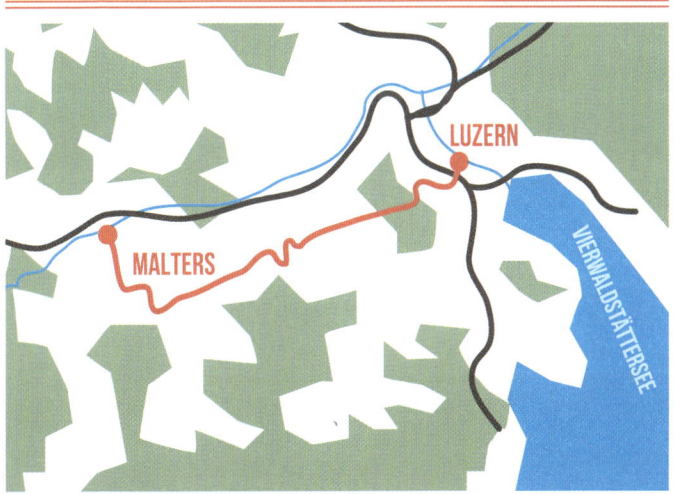

Malters (496 m) → Siten → Scharmis → Chrüzhubel (998 m) → Ränggloch → Sonnenberg (800 m) → Gütschwald → Gütsch → Luzern (436 m)

Malters liegt an der Bahnlinie von Luzern durchs Entlebuch nach Bern.

Vom Bahnhof folgt man dem Wanderweg nach Siten (Site auf der Karte). Schon bald steigt man neben einem Bach

bergauf. Später geht es über Wiesen und durch Wald. Von Siten geht man nicht direkt nach Luzern, sondern durch einen Wald und über eine kleine Hochebene nach Scharmis. Ab hier folgt man dem Wanderweg über den Chrüzhubel nach Luzern. Er führt über den Rücken des Blatterbergs. Rechts sieht man den Pilatus und links blickt man weit über das Mittelland.
Am Ende des Bergrückens geht es hinunter zum Ränggloch. Der Ränggbach hat sich hier eine schmale, tiefe Schlucht gegraben auf seinem Weg zur Kleinen Emme. Man überquert zuerst den Ränggbach und ein wenig weiter oben eine vielbefahrene Strasse. Dann geht es bergauf über die Chrüzhöchi zum Sonnenberg. Sobald man den Wald verlässt, hat man Aussicht über Luzern und die Berge rund um den Vierwaldstättersee.
Bei der Bergstation der Sonnenbergbahn ist man mitten im Naherholungsgebiet der Stadt Luzern mit vielen Wander- und Spazierwegen und zwei Restaurants. Man wählt den Weg Richtung Bruchmatt– Luzern und folgt ihm, bis im Wald ein Weg Richtung Gütschwald nach links abzweigt. Beim nächsten Wegweiser (Pt. 528) zweigt man nach rechts ab zum Gütsch.
Die Gütschbahn neben dem Märchenschloss
Château Gütsch ist momentan ausser Betrieb. Neben der Bergstation führt der Wanderweg über eine Treppe nach Luzern hinunter. Wieder hat man eine prächtige Aussicht über die Stadt und in die Berge.
Der Wanderweg führt bei der Geissmattbrücke direkt an die Reuss. Hier biegt man rechts ab und folgt der Reuss bis zum Bahnhof.
Das Luzerner Bier gibt es in einigen Restaurants in Luzern. Auf der Website der Brauerei findet sich eine Liste.

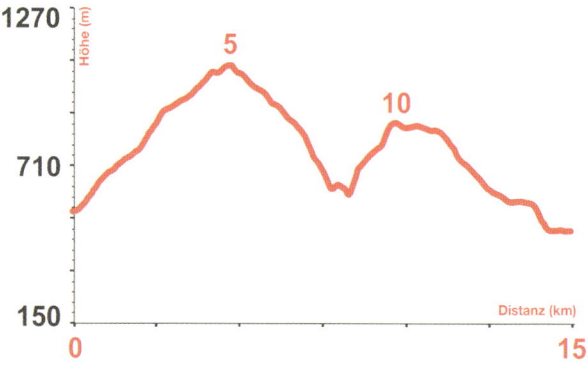

RESTAURANT SCHWYZERHÜSLI
Sonnenberg
041 320 21 31
www.schwyzerhuesli.net

HOTEL SONNENBERG
041 320 66 44
www.hotelsonnenberg.ch

LUZERNER BIER
Bürgenstrasse 16
6005 Luzern
041 252 00 52
www.brauerei.lu

SEHENSWÜRDIGKEIT
- Ränggloch, Schlucht
- Sonnenbergbahn, alte Standseilbahn
  www.erlebnis-sonnenberg.ch

DOUBS

AM FLUSS UND DURCH DEN URWALD IN DEN FREIBERGEN

JU

AUSGANGSORT	ZIEL
LE NOIRMONT	**SAIGNELÉGIER**
BIER	ANFORDERUNGEN
LA SALAMANDRE	**BERGTOUR**
KARTE	
BLATT 222	WANDERZEIT
(CLOS DU DOUBS)	**4¾ STD., 15 KM**
SEHENSWÜRDIGKEIT	HÖHENUNTERSCHIED
WALDRESERVAT	**AUF 690 M, AB 680 M**
LE THEUSSERET, URWALD	

 OBERGÄRIG

 GELB

 WÜRZIG, FRUCHTIG

 FRISCH

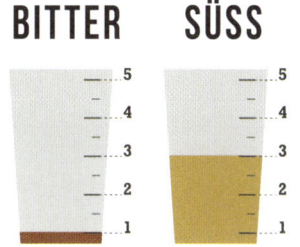

WEGBESCHREIBUNG

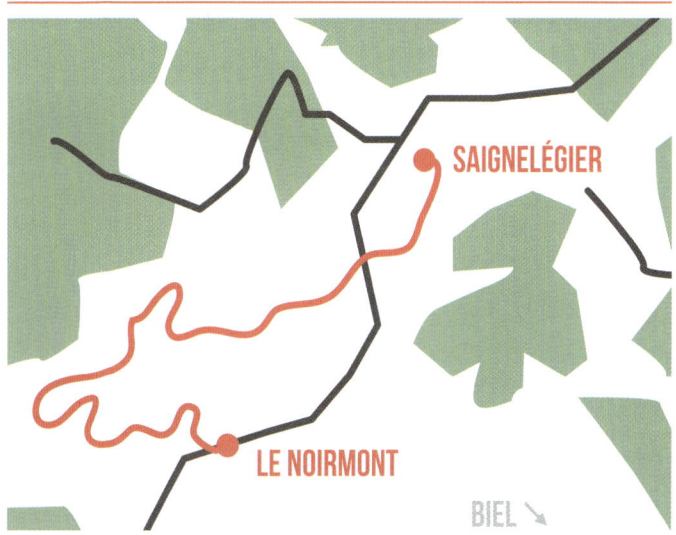

Le Noirmont (969 m) → Elektrizitätswerk (U.E.)
→ Doubs (500 m) → Le Theusseret → Chez le Bolé
→ Les Sommêtres (1079 m) → Muriaux
→ Saignelégier (982 m)

Le Noirmont liegt an der Bahnlinie
La-Chaux-de-Fonds – Tavannes.

Die Tour ist zwar mit gelben Wegweisern (Wanderweg) markiert. Der Aufstieg von Le Theusseret nach Chez le Bolé ist aber ein Bergweg, der Trittsicherheit erfordert.

Vom Bahnhof Le Noirmont folgt man dem Wanderweg Richtung La Goule zum Elektrizitätswerk am Doubs hinunter (auf der Karte U.E.). Der breite Waldweg hat viele glatte, zum Teil bemooste Steine und kann bei Feuchtigkeit sehr glitschig sein. Im unteren Teil sieht man Felswände, die früher das Ufer des Doubs waren. Kurz vor dem Elektrizitätswerk mündet der Weg in eine asphaltierte Strasse. Hier geht man nach rechts Richtung Le Theusseret. Schon bald hat man wieder einen Naturweg unter den Füssen. Weiter flussabwärts durchquert man das Waldreservat Le Theusseret, wo ein Urwald entsteht.

Neben dem Restaurant Le Theusseret rauscht ein Wasserfall, der je nach Jahreszeit mehr oder weniger imposant ist.

Vom Wasserfall geht man ein paar Meter zurück flussaufwärts, wo der Aufstieg beginnt. Man folgt dem Wanderweg Richtung Chez le Bolé, Muriaux. Der Weg braucht Trittsicherheit. Die heikelsten Stellen sind mit Ketten gesichert, und zwei kurze Felspartien werden mit Leitern überwunden. Nach 200 Höhenmetern erreicht man einen Aussichtspunkt mit Bänkli. Ab hier ist der Weg wieder einfach. Er verläuft parallel zur Arrête des Sommêtres bis zum Punkt 1075, wo sich ein Rastplatz befindet. Von hier kann man einen Abstecher zum Aussichtspunkt beim Refuge machen.

Vom Rastplatz geht man hinunter nach Muriaux, überquert die Strasse und die Bahnlinie auf einer Brücke und geht dann in der gleichen Richtung weiter nach Saignelégier.

Vom Bahnhof Saignelégier folgt man dem Trans Swiss Trail Nummer 2 Richtung St-Imier. Man überquert die Bahnlinie und verlässt kurz darauf den Wanderweg und folgt der Rue de la Gruère bis zum Chemin des Buissons. Man geht nach links und erreicht nach wenigen Schritten die Brauerei mit einer hauseigenen Bar.

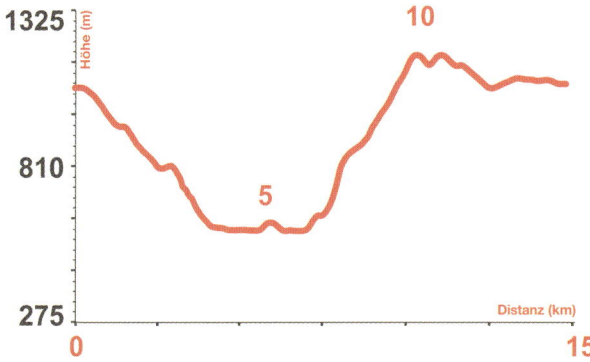

RÜCKFAHRT

Von der Brauerei fährt ein Bus zum Bahnhof, allerdings nicht sehr häufig.

RESTAURANT LE THEUSSERET
032 951 14 51

BRASSERIE DES FRANCHES-MONTAGNES
chemin des Buissons 8
2350 Saignelégier/JU
032 951 26 26
www.brasseriebfm.ch

SEHENSWÜRDIGKEIT
- Waldreservat Le Theusseret, Urwald

EETELWEIHER

VOM RHEIN INS SURBTAL

AUSGANGSORT	**ZIEL**
MELLIKON	ENDINGEN
BIER	**ANFORDERUNGEN**
BUTCHER'S BREW	WANDERUNG
KARTE	
BLATT 215	**WANDERZEIT**
(BADEN)	3¾ STD., 14 KM
SEHENSWÜRDIGKEIT	**HÖHENUNTERSCHIED**
JÜDISCHER KULTURWEG ENDINGEN	AUF 340 M, AB 300 M

 AMBER

 ERFRISCHEND

 MALZBETONT

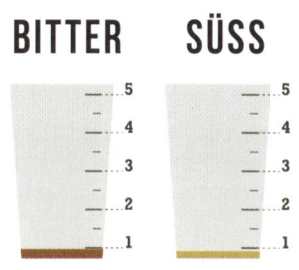

WEGBESCHREIBUNG

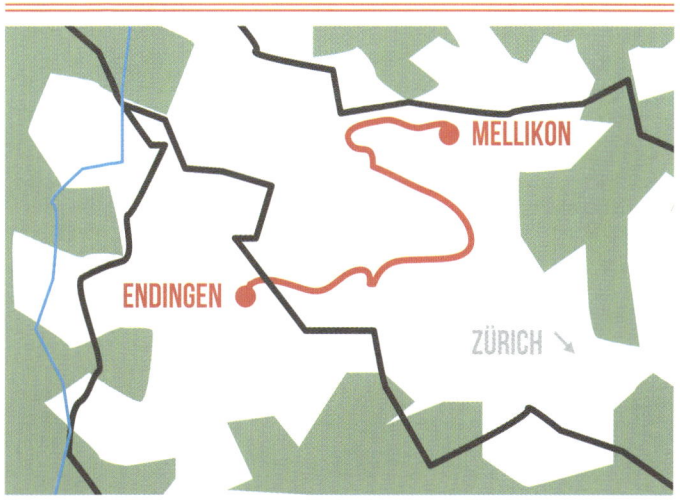

Mellikon (351 m) → Rekingen → An der Nurren (501 m) → Eetelweiher → Vogelsang → Endingen (386 m)

Mellikon liegt an der Bahnlinie Eglisau–Waldshut.

Vom Bahnhof geht man zum Rhein hinunter und folgt dem Uferweg bis zum Bahnhof Rekingen. Wenn man die Wanderung erst in Rekingen beginnt, ist sie eine halbe Stunde kürzer.

Von Rekingen steigt man zum Aussichtspunkt An der Nurren (auf dem Wegweiser Uf der Nurren) hinauf. Nachdem man am Rheinufer noch nahe bei einer Strasse gewandert ist, wäre es hier eigentlich schön still. Aber wenn in der Schiessanlage im Chrüzlibachtal geschossen wird, ist es vorbei mit der Ruhe. Informationen zu bevorstehenden Schiessanlässen auf www.chruezlibach.ch. Kurz vor dem Aussichtspunkt Uf der Nurren sieht man ein paar Meter links von der Waldstrasse eine gelbe Wanderwegmarkierung an einem Baum. Ein Weg ist nicht sichtbar, aber weitere Markierungen. Durch Gestrüpp und über Wurzeln erreicht man den Aussichtspunkt. Wer es lieber bequemer hat, geht auf der Waldstrasse weiter und sieht bald einen gelben Pfeil nach links, der auch zum Aussichtspunkt führt. Ob man abenteuerlich oder bequem nach Uf der Nurren gelangt, man hat auf jeden Fall Aussicht auf den Rhein hinunter und in den Schwarzwald. Ausserdem hat es Bänke und einen Grill.
Von Uf der Nurren geht man zurück zum letzten Wegweiser und folgt dann dem Wanderweg über den Bergrücken nach Mülibach. Von dort folgt man dem Wanderweg nach Endingen. Er führt zum Eetel-Weiher (Eetelweiher auf der Karte), wo seit Hunderten von Jahren das Etelwybli hausen soll. Dann geht es leicht aufwärts über den Althau. Vom Waldrand hat man eine schöne Aussicht in den Jura.
Beim Abstieg durch das Dorf Vogelsang und am Hörndlihau vorbei nach Endingen blickt man über das Surbtal und das weite Ruckfeld. In Endingen überquert man die Surb und erreicht die Hauptstrasse. Direkt an der Postautohaltestelle Endingen Zentrum ist die Metzgerei Werder, wo man verschiedene Sorten Butcher's Brew kaufen kann.
Endingen ist der Bürgerort von Alt-Bundesrätin Ruth Dreifuss.

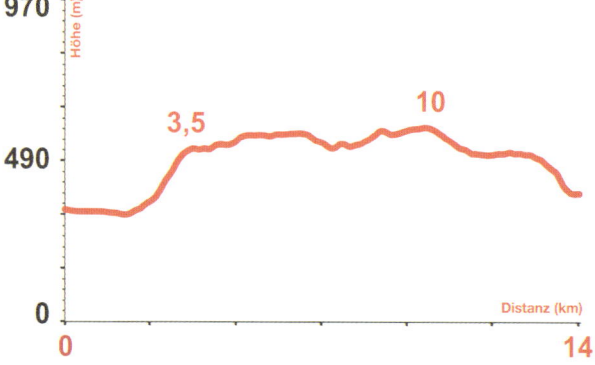

RÜCKFAHRT

Von Endingen fahren Postautos zu den Bahnhöfen Baden, Brugg, Niederweningen, Siggenthal-Würenlingen und Zurzach.

METZGEREI WERDER
Marktgasse 17
5304 Endingen
056 242 13 10
metzgerei-werder.ch

BUTCHER'S BREW
Alte Surbtalstrasse 26
5305 Unterendingen
079 762 61 05
www.butchersbrew.ch

SEHENSWÜRDIGKEIT
- Jüdischer Kulturweg, Endingen
  www.doppeltuer.ch

ENTLISBERG

VOM SIHLTAL ZUM ZÜRICHSEE

ZH

AUSGANGSORT LEIMBACH STATION	**ZIEL** ZÜRICH WOLLISHOFEN
BIER AMBOSS AMBER	**ANFORDERUNGEN** WANDERUNG
KARTE STADTPLAN VON ZÜRICH	**WANDERZEIT** 1½ STD., 6 KM
SEHENSWÜRDIGKEIT ROTE FABRIK	**HÖHENUNTERSCHIED** AUF 130 M, AB 160 M

 **HELL FILTRIERT UNTERGÄRIG**

 BERNSTEINFARBIG

 BLUMIG

 MALZIG

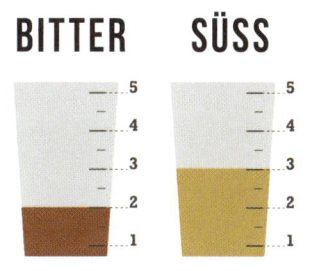

WEGBESCHREIBUNG

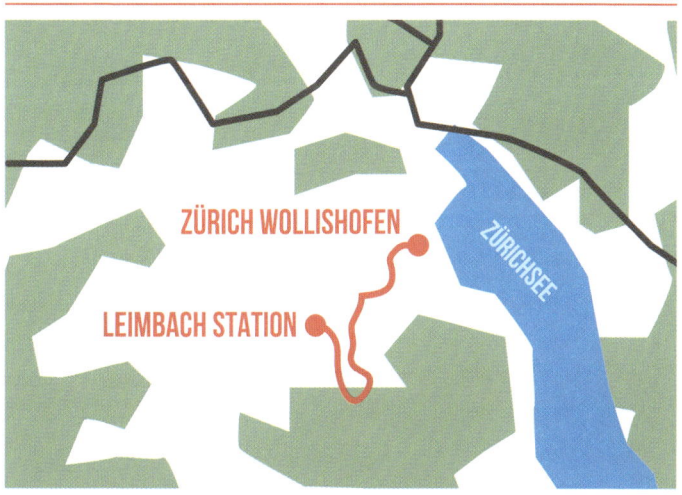

Leimbach Station (435 m) → Entlisberg (524 m) → Wollishofen (409 m)

Leimbach Station erreicht man mit der Sihltalbahn. Der Wanderwegweiser steht beim Ausgang der Unterführung.

Man geht nicht direkt nach Wollishofen, sondern folgt zuerst dem Sihluferweg flussaufwärts Richtung Adliswil bis zum südlichen Ende des Entlisbergs.

Hier wird der kleine Waldhügel gebirgig. An einem Steilhang mit Föhrenwald und Sandsteinfelsen wachsen seltene Pflanzen.
Bei einem Biotop mit Seerosen, Fröschen und Libellen zweigt man links ab und steigt auf einem Zickzackweg auf den Entlisbergchopf, wo es einen Picknickplatz mit Grillstelle und Brunnen hat.
Von dort geht es immer noch leicht ansteigend weiter durch den Wald Richtung Wollishofen. Ab und zu hat es links vom Weg eine kleine Lücke zwischen den Bäumen, wo man vom Rand des Steilhangs Aussicht ins Sihltal hat.
Bald erreicht man den Waldrand oberhalb von Wollishofen, wo es seit 1989 wieder relativ ruhig ist. Vorher trennte die Autobahn das Quartier vom Erholungsgebiet Entlisberg. Die Quartierbevölkerung wehrte sich jahrelang gegen die Autobahnschneise und erreichte, dass diese überdeckt wurde und dass das Quartier heute wieder mit seinem Naherholungsgebiet verbunden ist.
Durch die Entlisbergstrasse und den Owen-Weg erreicht man die Tramhaltestelle Wollishofen. Ab hier folgt man dem Wanderweg Richtung Hirzel noch ca. 250 Meter bis zur Kalchbühlstrasse, die man überquert. Dann verlässt man den Wanderweg und geht geradeaus weiter durch den Honeggerweg.
Nach ca. 200 Metern geht man links auf die Eggpromenade. Mit Sicht auf den Zürichsee geht man auf der Eggpromenade bis zur Kirche Wollishofen. Rechts der Kirche geht man auf dem Fussweg zur Alten Kirche hinunter (Wegweiser an Mauer). Auch an der Alten Kirche geht man rechts vorbei zur Tramhaltestelle Post Wollishofen hinunter. Man überquert die Seestrasse und folgt dem Wanderweg zur Seeuferpromenade bis zur Schiffstation Wollishofen. Dort geht man nach rechts und erreicht über einen Kiesweg die Rote Fabrik mit dem Restaurant Ziegel oh Lac, wo man Ambossbier trinken kann.

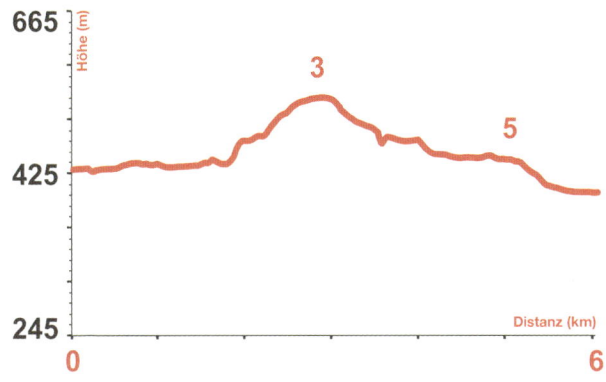

RÜCKFAHRT

Man geht zurück zur Tramhaltestelle Post Wollishofen. Mit dem Tram Nummer 7 erreicht man den Hauptbahnhof Zürich.

BEIZ ZIEGEL OH LAC
Seestrasse 407
8038 Zürich
044 481 62 42
www.ziegelohlac.ch

AMBOSS BIER
Zollstrasse 80
8005 Zürich
043 960 36 51
www.amboss-bier.ch

SEHENSWÜRDIGKEITEN
- Autobahnüberdeckung
- Rote Fabrik
  www.rotefabrik.ch

FANEZFURGGA

AN FANTASTISCHEN FELSFORMATIONEN VORBEI ZUR HÖCHSTGELEGENEN BRAUEREI EUROPAS

GR

AUSGANGSORT	**ZIEL**
SERTIG SAND	MONSTEIN
BIER	**ANFORDERUNGEN**
MONSTEINER HUUSBIER	BERGTOUR
KARTE	
BLATT 258	**WANDERZEIT**
(BERGÜN/BRAVUOGN)	5 STD., 14 KM
SEHENSWÜRDIGKEIT	**HÖHENUNTERSCHIED**
WALSERHÄUSER IN MONSTEIN	AUF 780 M, AB 1010 M

    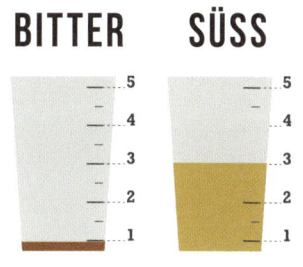

WEGBESCHREIBUNG

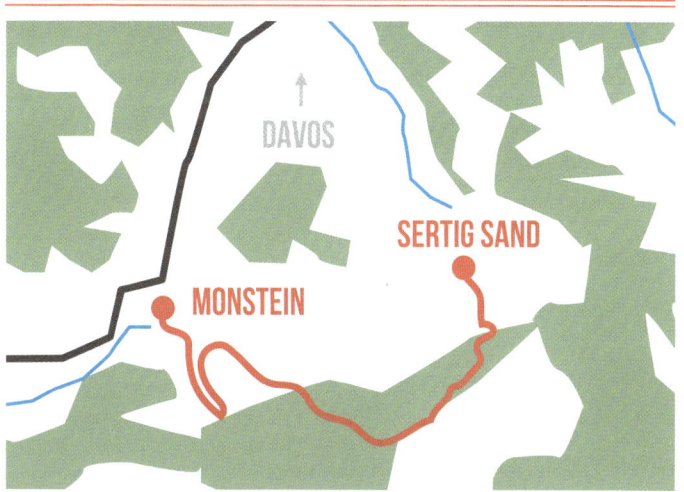

Sertig Sand (1859 m) → Fanezfurgga (2580 m)
→ Oberalp → Laubenalp → Monstein (1626 m)

Sertig Sand erreicht man mit dem Postauto ab Davos Platz.

Der Wanderwegweiser steht nicht direkt an der Postautohaltestelle, sondern ein paar Meter die Strasse aufwärts. Der gut markierte Wanderweg führt talaufwärts

zu einem Wasserfall. Dann geht es eine Steilstufe hinauf. Nach ca. einer halben Stunde steht man oberhalb des Wasserfalls. Es lohnt sich, hier schon eine Pause zu machen. Man hat eine schöne Aussicht auf das Sertig Dörfli hinunter. Weiter geht es das Tal hinauf. Bald hat es auf beiden Seiten des Weges fantastische Felszacken in allen Formen und Farben. Je nach Jahreszeit sieht man auch farbenprächtige Alpenblumen. Kurz vor der Passhöhe wird es noch einmal etwas steiler.
Der Abstieg von der Fanezfurgga führt durch ein breites Tal bis zur Oberalp. Von hier könnte man direkt nach Monstein hinuntergehen und so die Tour um eine halbe Stunde abkürzen. Man kann aber auch links abbiegen und durch einen wunderschönen Bergwald zur Laubenalp wandern. Mit wenig Auf und Ab verläuft der Weg fast wie eine Höhenkurve. Von der Laubenalp geht es auf einem Natursträsschen nach Monstein.
Monsteiner Bier gibt es im Hotel-Restaurant Ducan, im Restaurant Veltlinerstübli und in der Brauerei. Auch im Dorfladen kann man es kaufen. Ausserdem gibt es dort noch andere Spezialitäten aus dem Dorf zu kaufen: Käse, Trockenfleisch und Teigwaren.

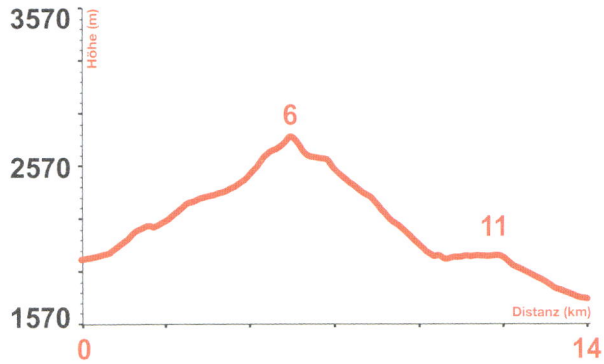

RÜCKFAHRT

Von Monstein fährt das Postauto zum Bahnhof Glaris, wo man Anschluss hat auf die Rhätische Bahn und die Postautolinien nach Davos und über die Lenzerheide. Die Züge haben Halt auf Verlangen. Achtung beim Fahrplan: Der Bahnhof Monstein ist weit im Tal unten und hat keine Verbindung ins Dorf hinauf. Für das Postauto muss man den Fahrplan nach Monstein Dorf rauslassen.

HOTEL-RESTAURANT DUCAN
7278 Davos Monstein/GR
081 401 11 13
www.hotelducan.ch

RESTAURANT VELTLINERSTÜBLI
7278 Monstein/GR
081 401 11 52
www.rest-veltlinerstuebli.ch

DORFLADEN
Haus zur Post
7278 Davos Monstein/GR
081 401 11 53

MONSTEINER BIER
7278 Davos Monstein/GR
081 420 30 60
www.biervision-monstein.ch

SEHENSWÜRDIGKEITEN
- Anreise mit der Rhätischen Bahn über den Wisner Viadukt
- Wasserfall bei Sertig Sand
- Walserhäuser in Monstein

FLUGHAFEN

ZWISCHEN FLUGZEUGEN UND RIED

ZH

AUSGANGSORT	ZIEL
NIEDERGLATT	**FLUGHAFEN KLOTEN**
BIER	ANFORDERUNGEN
ZURICH AIRPORT BIER	**SPAZIERGANG**
KARTE	
BLATT 215	WANDERZEIT
(BADEN)	**2¾ STD., 11 KM**
SEHENSWÜRDIGKEIT	HÖHENUNTERSCHIED
GOLDIG TOR GRUNDWASSERAUFSTOSS	**AUF 60 M, AB 50 M**

UNFILTRIERT
NATURTRÜB
OBERGÄRIG

 DUNKELGOLD

 FRUCHTIG

 MALZIG

BITTER **SÜSS**

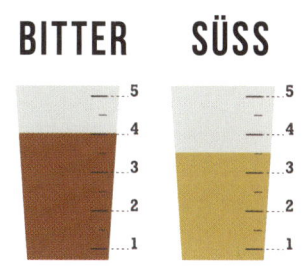

WEGBESCHREIBUNG

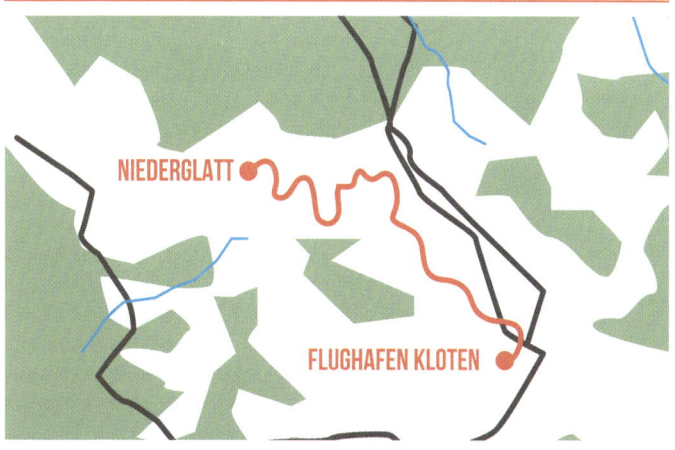

Niederglatt (424 m) → Oberglatt → Flughafen (430 m)

Niederglatt erreicht man mit der Zürcher S-Bahn.

Vom Bahnhof Niederglatt geht man zum Glattuferweg. Bei der Glatt angekommen, geht man nach rechts Richtung Oberglatt. Man folgt den Schlaufen der Glatt flussaufwärts, bis man in Oberglatt bei der gedeckten Holzbrücke ankommt. Hier zweigt man nach links ab, Richtung Kloten. Durch ein paar Quartierstrassen erreicht man die Hauptstrasse von Oberglatt nach Bachenbülach.

Man überquert sie und geht auf einem Feldweg geradeaus weiter. Nach ca. 400 Metern steht man an einer Kreuzung ohne Wegweiser. Hier nimmt man den Feldweg nach rechts und geht auf ihm wieder zurück zur Hauptstrasse. Man überquert sie wieder und erreicht so einen Parkplatz mit Beizli und Bänken am Ende der Flughafenpiste. Hier treffen sich die Flugzeugfans mit Kameras, Feldstechern und Funkgeräten, um die landenden Flugzeuge zu beobachten. Für Anfänger/-innen hat es Informationstafeln mit den verschiedenen Flugzeugtypen. Der Wanderweg folgt dem Zaun um das Flughafengelände und führt dann bei Hell auf die Panzerpiste des Waffenplatzes Bülach-Kloten. Nach ca. 400 Metern verlässt man die Panzerpiste nach rechts. Wenn das Militär am Üben ist, ist die Piste gesperrt. Die übrige Zeit ist sie ein Paradies für Velofahrerinnen.
Nähere Infos Tel.: 058 467 84 01.
Sobald man die Panzerpiste verlassen hat, durchquert man das Feuchtbiotop Halbmatt, bis man wieder beim Zaun um das Flughafengelände ankommt. Wieder verläuft der Wanderweg dem Zaun entlang. Rechts kann man den landenden Flugzeugen zuschauen, links sieht man eine wunderschöne Riedlandschaft. Nach ca. einer halben Stunde kann man nach links einen Abstecher machen zum Goldigen Tor. Das ist ein Weiher mit Grundwasseraufstoss. Auf seinem sandigen Boden sieht man es brodeln, wenn das Wasser hinaufgedrückt wird. Er ist bevölkert von zahlreichen Fröschen. Hin und zurück braucht man 10 Minuten.
Zurück auf dem Wanderweg nach Kloten geht man noch ca. 10 Minuten weiter bis zur Rega. Hier verlässt man den Wanderweg und geht zuerst auf einem schmalen Kiesweg und dann auf der Strasse in der gleichen Richtung wie bisher weiter. Immer noch dem Rand des Flughafengeländes folgend, erreicht man nach weiteren 10 Minuten eine mehrspurige Strasse mit Lichtsignal. Ab hier geht man Richtung Glattalbahn (weisser Wegweiser) bis zur Bushaltestelle Fracht. Auf dem gleichen Trottoir bleibend, geht man an einem langen, tunnelförmigen Blechgebäude und an einem Parkhaus vorbei bis zur Bushaltestelle OPC. Dort biegt man nach rechts ab. Auf der anderen Strassenseite sieht man das Radisson Blu Hotel. Bei einem Töffparkplatz überquert man die Strasse und erreicht dann über Schotter und eine Zufahrtsstrasse den Hoteleingang. In der Bar bei der Reception kann man das Zurich Airport Bier trinken, das von der Brauerei Kündig in Rietheim gebraut wird. Sollte jemand von den Angestellten das Bier nicht kennen, bestellt man es am besten mit der Abkürzung ZAB.

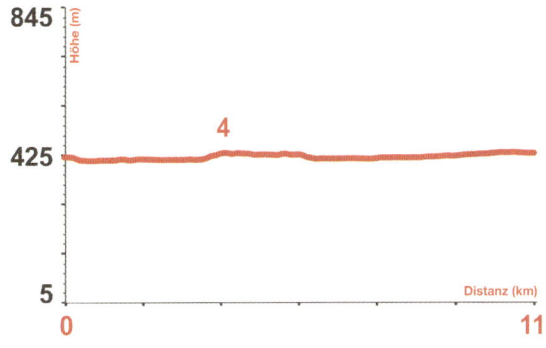

RÜCKFAHRT

Von der Bar gelangt man unterirdisch zum Flughafenbahnhof und zur Haltestelle der Regionalbusse und der Glattalbahn.

RADISSON BLU
Zürich Flughafen
8058 Zürich
044 800 40 40
www.radissonblu.com/de/hotel-zurichairport

SEHENSWÜRDIGKEITEN
- Goldig Tor, Grundwasseraufstoss
- Zuschauerterrasse im Flughafen

RIETEBERG

HUNDERT PROZENT AARGAU

AUSGANGSORT	**ZIEL**
LENZBURG	**VILLMERGEN**
BIER	**ANFORDERUNGEN**
BIER PAUL 03	**WANDERUNG**
KARTE	
BLATT 225	**WANDERZEIT**
(ZÜRICH)	**3¾ STD., 14 KM**
SEHENSWÜRDIGKEIT	**HÖHENUNTERSCHIED**
SCHLOSS LENZBURG	**AUF 460 M, AB 430 M**

WEGBESCHREIBUNG

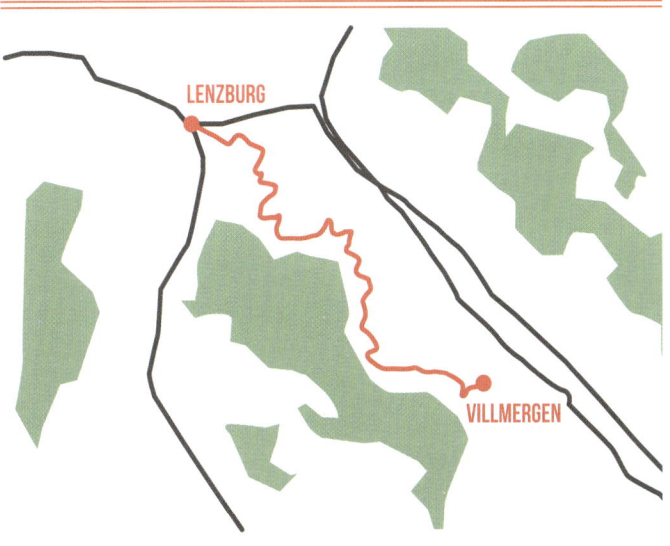

Lenzburg (406m)) → Schloss Lenzburg) → Ammertswil) → Rieteberg (663m)) → Villmergen

Vom Bahnhof Lenzburg folgt man dem Wanderweg nach Villmergen. Durch ein Tor gelangt man in die Lenzburger Altstadt. Den Aufstieg zum Schloss kann man über eine Treppe oder auf einer weniger steilen Asphaltstrasse bewältigen. Obwohl der Wanderweg östlich und etwas unterhalb des Schlosses vorbeiführt, empfiehlt es sich, ganz hinauf zu steigen. Durch ein Tor gelangt man zum Eingang des Museums und durch ein weiteres Tor auf ein Strässchen, auf dem man die ganze Anlage auf der Aussenseite der Schlossmauer umrunden kann. So gelangt man wieder auf den Wanderweg nach Villmergen.

Kurz darauf geht man auf einer "Himmelsleiter" genannten Treppe auf den Hügel Gofi, der einen prächtigen Blick auf das Schloss bietet. Nach einem kurzen Abstieg umrundet man den waldigen Hügel Lütisbuech und geht ins Dorf Ammerswil. Bei der Kirche hat es ein paar Sitzbänke und einen Brunnen.

Von Ammerswil geht es durch den Wald auf den Rieteberg. Der Wanderweg führt etwas östlich vom höchsten Punkt vorbei. Meist auf gekiesten Waldstrassen geht es schräg den Hang hinunter nach Villmergen. Auf Treppen geht man am Friedhof vorbei ins Dorf. Bei der Mitteldorfstrasse überquert man den Erusbach. Dann geht man nach rechts und erreicht nach gut 200 Metern die Alte Bahnhofstrasse. Hier verlässt man den Wanderweg und geht nach rechts. Nach 100 Metern steht man vor dem Wirtshaus zur Brauerei Erusbacher & Paul.

In der Gartenwirtschaft oder im Lokal kann man Biere der beiden Brauereien probieren. Da man nicht alle auf einmal schafft, kann man die restlichen Sorten im BrauiShop kaufen. Ganz regional ist das Aargauer Bier. Es wird mit im Kanton Aargau angebauter Braugerste gebraut, die in Möriken-Wildegg gemälzt wird, mit Hopfen aus dem Fricktal und natürlich Wasser aus Villmergen.

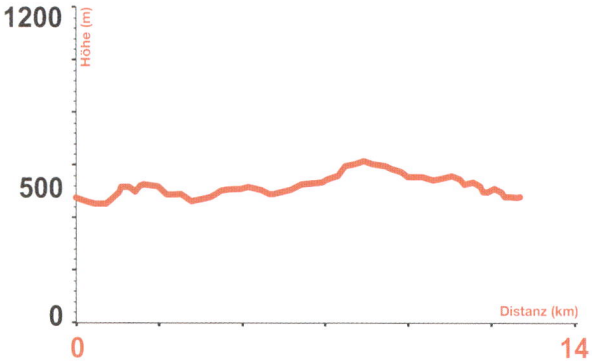

ABKÜRZUNG

Wenn man mit dem Bus ab Lenzburg nach Ammertswil Kirche fährt, dauert die Wanderung 1,75 Stunden.

RÜCKFAHRT

Man geht zurück bis zur Stelle, wo man den Wanderweg verlassen hat und dann geradeaus weiter zur Bushaltestelle Villmergen Zentrum mit Verbindungen zum Bahnhof Wohlen. Von der Brauerei zur Bushaltestelle braucht man fünf Minuten.

BRAUEREI ERUSBACHER & PAUL
Wirtshaus zur Brauerei
Mattenweg 1
5612 Villmergen AG
056 621 11 16
www.wirtshaus-zur-brauerei.ch
www.erusbacher-paul.ch

SCHLOSS LENZBURG
www.schloss-lenzburg.ch

SEHENSWÜRDIGKEIT
- Schloss Lenzburg

STEINENBÜHL

IM TAFELJURA

AUSGANGSORT	**ZIEL**
UNTER-SIGGENTHAL	WÜRENLINGEN
BIER	**ANFORDERUNGEN**
STERNE 5I	WANDERUNG
KARTE	
BLATT 215 (BADEN)	**WANDERZEIT**
	2 STD., 7 KM
SEHENSWÜRDIGKEIT	**HÖHENUNTERSCHIED**
DORFKERN WÜRENLINGEN	AUF 260 M, AB 260 M

 HELL

 BROT

 HERB-SÜSSLICH

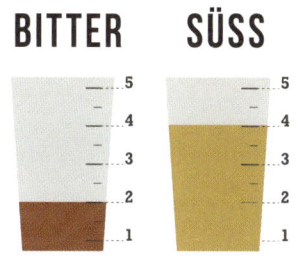

WEGBESCHREIBUNG

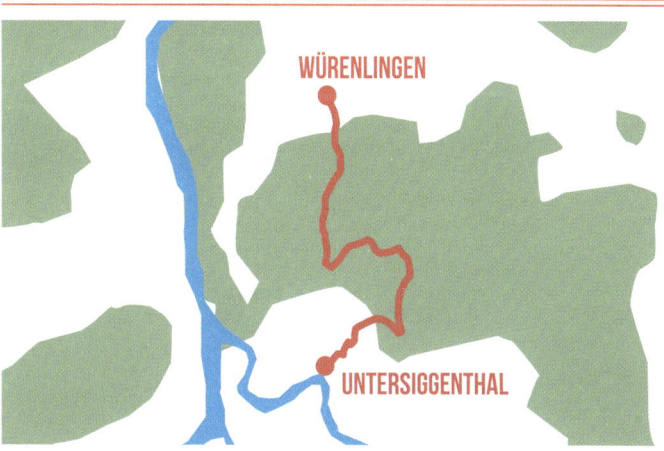

Untersiggenthal (371m) → Steinenbühl → Homrig (570m) → Rotchrüz → Würenlingen (372m)

Die Haltestelle Untersiggenthal Gemeindehaus erreicht man mit dem Bus ab Bahnhof Baden. Der Wanderwegweiser steht beim Abgang in die Unterführung.

Von Untersiggenthal Gemeindehaus folgt man dem Wanderweg nach Steinenbühl. Oberhalb des Dorfs wandert man am Rand der Moorlandschaft Breitmoos mit Aussicht in den Jura. Durch einen tiefen Hohlweg im Wald erreicht man eine Lichtung mit dem Weiler Steinenbühl. Von dort folgt man dem Wanderweg Richtung Iflue. Über den Homrig gelangt man zum Rotchrüz, wo viele Wege zusammentreffen.

Beim Brunnen vor der Waldhütte Rotchrüz verlässt man den markierten Wanderweg und nimmt die erste Waldstrasse nach rechts, Richtung Norden. Nach ca. 300 Metern hat es eine Abzweigung. Hier geht man nicht Richtung Gemeindegrenze, sondern an einer Hütte vorbei geradeaus weiter. Nach ca. einem Kilometer, beim pt. 441, hat es wieder viele Wege. Man geht nach links und kurz darauf nochmals nach links. Nach weiteren 200 Metern macht die Waldstrasse eine U-Kurve. Man zweigt nach rechts ab auf einen schmaleren Weg Richtung Norden. An einem alten Steinbruch vorbei erreicht den Waldrand mit Aussicht in den Jura und den Schwarzwald. Dort beginnt eine Teerstrasse. Auf dieser geht man nach rechts bis zur Kirche. Unterhalb der Kirche hat es
eine Stützmauer. Wo diese am höchsten ist geht
man auf einem Fussweg ins Dorf hinunter.

Der Fussweg führt direkt zum Restaurant Sternen. Hier bekommt man Sterne 5i Bier, das von der Brauerei CVL in Kleindöttingen exklusiv für den Sternen gebraut wird. Zum Restaurant gehören ausserdem eigene Rebberge in Würenlingen und Döttingen.

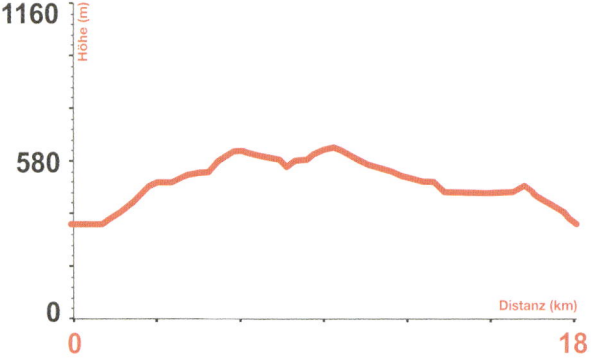

RÜCKFAHRT

Man geht vom Sternen zweimal nach rechts zur Haltestelle Würenlingen Post mit Verbindungen zum Bahnhof Siggenthal-Würenlingen. Man braucht dazu fünf Minuten. Siggenthal-Würenlingen liegt an der Bahnlinie Baden - Zurzach.

RESTAURANT STERNEN
Endingerstrasse 7
5303 Würenlingen
056 297 40 00
www.sternen-wuerenlingen.ch

CVL BRAUEREI
Mattenweg 64
5314 Kleindöttingen
www.chenvanloon.ch

SEHENSWÜRDIGKEITEN
Dorfkern von Würenlingen

GERSAUERSTOCK
ODER VITZNAUERSTOCK

EIN BERG MIT ZWEI NAMEN

LU

AUSGANGSORT **VITZNAU**	ZIEL **VITZNAU**
BIER **URBRÄU**	ANFORDERUNGEN **BERGTOUR**
KARTE **BLATT 235 (ROTKREUZ)**	WANDERZEIT **6 STD., 9 KM**
SEHENSWÜRDIGKEIT **WISSIFLUHBAHN**	HÖHENUNTERSCHIED **AUF UND AB 1020 M**

 DUNKELGOLD

 WÜRZIG, CHARAKTERVOLL

 WÜRZIG-MILD

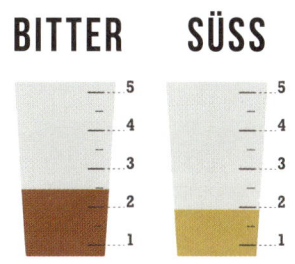

WEGBESCHREIBUNG

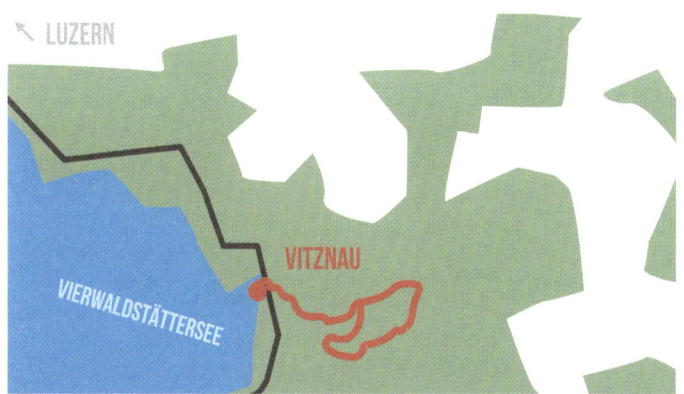

Vitznau Post (435 m) ➔ Talstation Wissifluhbahn ¼ Std
Talstation Wissifluhbahn ➔ Wissiflue 1½ Std oder Bahnfahrt
Wissiflue ➔ Vitznauerstock (1451 m)
➔ Fälmisegg 2¼ Std
Fälmisegg ➔ Vitznau 1½ Std oder Fälmisegg ➔ Hinterbergen ½ Std plus Bahnfahrt nach Vitznau

Vitznau liegt an der Buslinie Brunnen–Küssnacht am Rigi. Von der Haltestelle Vitznau Station geht man durch den Gufferiweg und die Oberdorfstrasse zur Talstation der Wissifluhbahn. Am besten orientiert man sich

an den Kabeln der Luftseilbahn, die man von weitem sieht. In einer knappen Viertelstunde erreicht man die beiden Talstationen der Wissifluhbahn und der Hinterbergenbahn. Für diese Bergtour braucht man Trittsicherheit und der Weg muss trocken sein. Die heiklen Stellen befinden sich im Wald. Darum kann es nach Regenwetter ein paar Tage dauern, bis der Weg nicht mehr rutschig ist. Weil es eine Leiter hat, ist die Tour für Hunde nicht geeignet.
Von der Talstation steigt man entweder durch den Wald zur Bergstation der Wissifluhbahn oder man fährt bequem mit der Bahn hinauf. Für die Fahrt muss man sich anmelden. Von der Bergstation geht man zum Berggasthaus Wissiflue mit seiner Aussichtsterrasse hoch über dem Vierwaldstättersee. Es war ein Schauplatz in der Krimiserie Tatort. Hier gibt es Produkte vom eigenen Biohof und frisches Wasser aus der eigenen Quelle. Die Seilbahn wird von der Restaurantküche aus gesteuert.
Beim Gasthaus zweigt der Weg auf den Vitznauer- oder Gersauerstock nach links ab. Nach ein paar Kehren über eine Weide geht es in den Wald. Der Weg wird schmal und steil und führt auf den Gipfel mit Aussicht auf die eine Seite. Bevor man zur Fälmisegg absteigt, macht man einen Abstecher zum Aussichtspunkt (ca. 5 Minuten, markiert), wo man auf die andere Seite blickt und wo es mehr Platz hat als auf dem Gipfel.
Wie der Aufstieg erfordert auch der Abstieg zur Fälmisegg Vorsicht. Ein Felsriegel wird mit einer Leiter überwunden.

Variante 1: Von der Fälmisegg folgt man dem Wanderweg über St. Antoni nach Vitznau hinunter.
Er führt am Rand einer Schlucht vorbei in einen Wald mit vielen Steinblöcken von einem alten Bergsturz und mündet dann in den Weg zur Talstation der Wissifluhbahn.

Variante 2: Von der Fälmisegg folgt man dem Wanderweg zur Hinterbergenbahn und fährt mit ihr nach Vitznau hinunter.

Von den Talstationen geht man zur Bushaltestelle Vitznau Station, bei der man bei Ankunft in Vitznau ausgestiegen ist. Gleich daneben ist die Schiffstation, von wo man die meisten Bahnhöfe und Bushaltestellen rund um den Vierwaldstättersee per Schiff erreicht. Auf den Vierwaldstätterseeschiffen wird Urbräu ausgeschenkt, das eigens von Ramseier für die Schifffahrtsgesellschaft Vierwaldstättersee gebraute Bier.

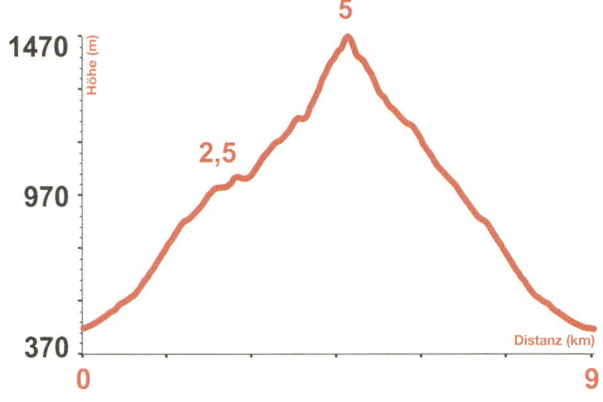

BERGGASTHAUS UND SEILBAHN WISSIFLUH
041 397 13 27
www.wissifluh.ch

RESTAURANT UND SEILBAHN HINTERBERGEN
041 397 16 87
www.hinterbergen.ch

URBRÄU
041 367 61 61
www.urbraeu.ch

SCHIFFFAHRTSGESELLSCHAFT VIERWALDSTÄTTERSEE
041 367 67 67
www.lakelucerne.ch

SEHENSWÜRDIGKEIT
- Wissifluhbahn, über hundertjährige Seilbahn

GOTTERON

ÜBER DEN RÖSTIGRABEN

FR

AUSGANGSORT ## ST. ANTONI	**ZIEL** ## FRIBOURG
BIER ## FRI-MOUSSE	**ANFORDERUNGEN** ## WANDERUNG
KARTE ## BLATT 243 (BERN) ## BLATT 242 (AVENCHES)	**WANDERZEIT** ## 3¼ STD., 11 KM
SEHENSWÜRDIGKEIT ## ALTSTADT VON ## FRIBOURG	**HÖHENUNTERSCHIED** AUF 290 M, AB 380 M

 HELL
UNFILTRIERT
NATURTRÜB

 ORANGE

 FRUCHTIG,
BROT (HEFIG)

 MALZIG, STROH

BITTER   SÜSS

WEGBESCHREIBUNG

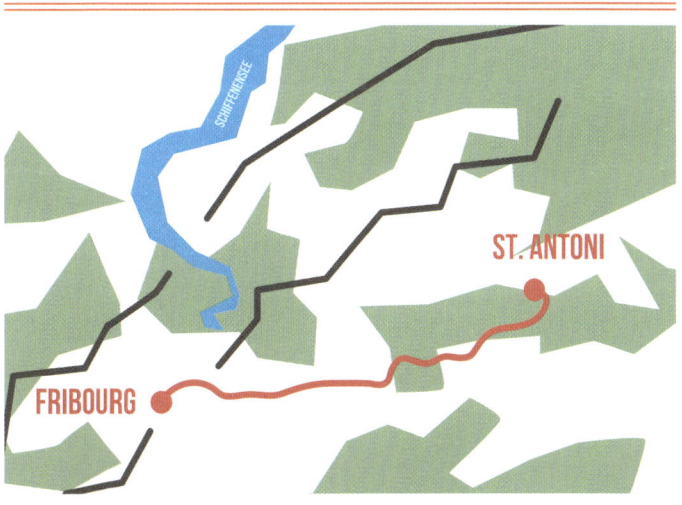

St. Antoni (715 m) → Weissenbach (647 m)
→ Pfaffenhölzli (781 m) → Juch → Ameismüli
→ Galterengraben oder Gorges du Gotteron
→ Saane oder Sarine (549 m) → Fribourg (629 m)

Die Bushaltestelle St. Antoni Dorf liegt an der
Buslinie Fribourg–Schwarzenburg.
Von St. Antoni folgt man dem Wanderweg nach
Weissenbach. Nach einem kurzen Aufstieg geht es

durch einen Hohlweg zwischen Sandsteinblöcken in den Seligraben hinunter. In Weissenbach hat es zwei Wanderwege nach Tafers. Hier nimmt man den Weg über das Pfaffenhölzi nach Tafers Chrüz. Man geht bergauf durch den Wald und dann über einen breiten Hügelrücken mit Aussicht in die Fribourger Alpen.

Ab und zu sieht man sogar ein paar Berner-Oberländer-Gipfel.

Vom Pfaffenhölzli folgt man dem Wanderweg Richtung Ameismüli. Nach etwa 10 Minuten erreicht man einen schönen Picknickplatz mit Feuerstelle und Aussicht. Dann geht es hinunter über Juch zur Bushaltestelle Tafers Chrüz. Dort überquert man die Strasse und geht weiter zur Ameismüli.

Hier beginnt der Weg durch die Schlucht. Es wird auf die Gefahren von Rutschungen, Stein- und Eisschlag bei besonderen Wetterlagen (Gewitter, starke Niederschläge und Tauwetter) hingewiesen und darauf aufmerksam gemacht, dass man den Weg auf eigene Verantwortung begeht. Bei besonders gefährlichen Wetterlagen wird der Weg geschlossen. In diesem Fall kann man zurück nach Tafers Chrüz und von dort mit dem Bus oder auf einem Wanderweg nördlich der Schlucht nach Fribourg gehen.

Die Galtera hat eine wilde Schlucht in den Sandstein gegraben. Auf einem gut angelegten Weg mit vielen Treppen und Stegen aus Holz und Metall geht es durch einen schönen Mischwald. Immer wieder sieht man die Sandsteinschichten. Ab und zu hat sich in Seitenbächen Tuff gebildet. Bei einem Rastplatz hat es sogar Stalaktiten in einem Wasserfall. Bei Nässe können die Holzbretter und -stufen glitschig sein.

Im untersten Teil der Schlucht verläuft der Weg auf einem Strässchen. Das Restaurant Pinte des trois Canards war früher eine Mühle.

Durch ein altes Tor erreicht man die Schmiedgasse oder Rue des Forgerons, wo die Galtera unter dem Boden verschwindet. Hier überquert man die Saane auf der gedeckten Holzbrücke Pont de Berne. In der Brücke hängt ein Stadtplan. Dann geht man geradeaus weiter zum Place du Petit-St-Jean, wo die Rue de la Samaritaine beginnt. In der Auberge du Soleil Blanc (Rue de la Samaritaine 29) kann man das Fri-Mousse trinken, die Brauerei (Rue de la Samaritaine 19) ist am Samstag von 8–16 Uhr geöffnet, und im Laden Près de chez vous (Rue de la Samaritaine, 20 Meter von der Brauerei bergauf) kann man das Bier kaufen.

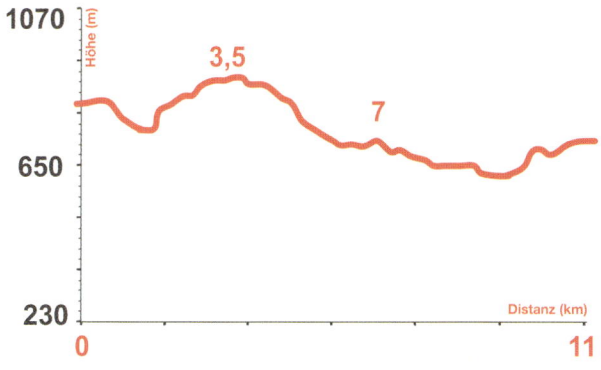

RÜCKFAHRT

Vom Place du Petit-St-Jean kann man entweder mit dem Bus Nummer 4 zum Bahnhof fahren oder auf dem Jakobsweg wandern. Zu Fuss braucht man ca. 35 Min. Diese Zeit ist in der gesamten Wanderzeit schon eingerechnet. Die Markierung ist nicht gelb, sondern blau mit einer gelben Muschel. Zuerst geht es steil aufwärts durch die Strassen Rue de la Samaritaine und Stalden. Dann geht man durch die Grand Rue (Schweizer Nähmaschinenmuseum mit seltsamen Gegenständen, Grand Rue 58), Place de Notre Dame und die Fussgänger(-innen)zone zum Bahnhof.

**PINTE
DES TROIS CANARDS**
chemin du Gottéron 102
1700 Fribourg
026 321 28 22

**RESTAURANT
SOLEIL BLANC**
rue de la Samaritaine 29
1700 Fribourg
026 322 21 33
www.cafe-dusoleilblanc.ch

**BRASSERIE ARTISANALE
DE FRIBOURG**
rue de la Samaritaine 19
1700 Fribourg
www.fri-mousse.ch

SEHENSWÜDRIGKEITEN
- Galterengraben
- Altstadt von Fribourg
- Schweizer Nähmaschinenmuseum mit seltsamen Gegenständen Grand Rue 58
  www.museewassmer.com

GURTEN

AUF DEN BERNER HAUSBERG

BE

AUSGANGSORT
KÖNIZ

BIER
WABRÄU HELL

KARTE
BLATT 243
(BERN)

SEHENSWÜRDIGKEIT
AUSSICHTSTURM

ZIEL
WABERN

ANFORDERUNGEN
WANDERUNG

WANDERZEIT
2 STD., 7 KM

HÖHENUNTERSCHIED
AUF 310 M, AB 320 M

**HELL
UNFILTRIERT
NATURTRÜB**

 **GOLDGELB**

 **FRISCH,
FRUCHTIG**

 **LEICHTE
CITRUSNOTEN**

BITTER SÜSS

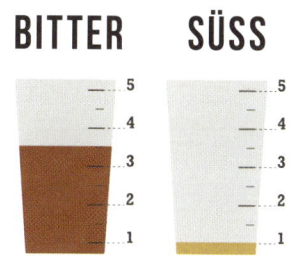

WEGBESCHREIBUNG

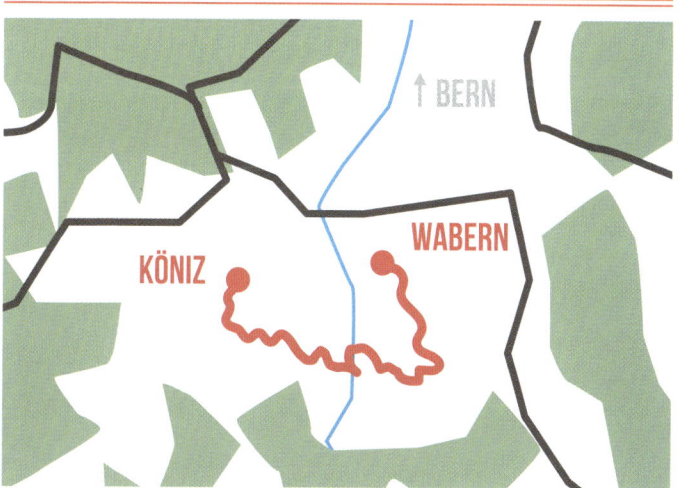

Köniz (572 m) → Blinzern → Gurten (858 m)
→ Wabern (560 m)

Köniz liegt an der Bahnlinie Bern–Schwarzenburg.

Auf dem Wanderwegweiser beim Bahnhof Köniz steht nur:
Wanderweg. Wenn man diesem folgt, gelangt man zum
Zentrum Köniz. Dort folgt man dem Wanderweg zum
Gurten Kulm. Die erste Viertelstunde geht man auf dem

Trottoir neben einer vielbefahrenen Strasse. Wer sich das ersparen will, kann mit dem Bus Nummer 16 von Köniz Zentrum nach Spiegel Blinzern fahren.

Von Blinzern geht es auf breiten Waldwegen bergauf. Fast mühelos erreicht man das Westsignal mit Aussichtsturm, Kinderspielplatz und Restaurants. Es lohnt sich, auf den Turm zu steigen. Die Aussicht reicht vom Pilatus über das Berner Oberland zu den Fribourger Alpen. Man sieht einen grossen Teil der Jurakette und natürlich die Stadt Bern. Der Abstieg nach Wabern beginnt bei der Bergstation der Gurtenbahn. Zuerst geht es ein wenig bergauf zum Ostsignal, das noch zwei Meter höher ist als das Westsignal. Durch Wiesen und Wald führt der aussichtsreiche Weg in einem Bogen zur Talstation der Gurtenbahn. Dort sieht man einen alten Braukessel der ehemaligen Gurtenbrauerei. Die Gebäude werden jetzt von verschiedenen Betrieben genutzt. Man durchquert das ganze Gelände bis zu einer Felswand, in deren Schutz das Brauereilokal der Wabräu steht. Beim Eingang ins Gelände hat es eine Orientierungstafel, mit deren Hilfe man Wabräu findet (Öffnungszeiten auf der Website der Brauerei).

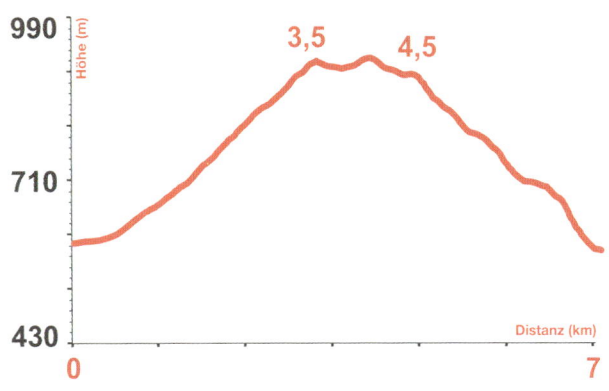

RÜCKFAHRT

Man geht zurück zur Gurtenbahn und dann nach links, wo man in drei Minuten den Bahnhof Wabern erreicht.

RESTAURANTS TAPIS ROUGE UND BEL ETAGE
Gurten
031 970 33 33
www.gurtenpark.ch

WABRÄU
Gurtenareal Dorfstrasse
3084 Wabern
031 961 89 51
www.wabraeu.ch

SEHENSWÜRDIGKEITEN
- Aussichtsturm
- Spielplatz mit Kleineisenbahn

HAGLERE

MOORLANDSCHAFT MIT VIEL AUSSICHT

LU

AUSGANGSORT **FLÜELI HÜTTLENE**	**ZIEL** **SÖRENBERG**
BIER **ENTLEBUCHER BIER**	**ANFORDERUNGEN** **BERGTOUR**
KARTE **BLATT 244** **(ESCHOLZMATT)**	**WANDERZEIT** **5¼ STD., 12 KM**
SEHENSWÜRDIGKEIT **MOORLANDSCHAFT DER UNESCO** BIOSPHÄRE ENTLEBUCH	**HÖHENUNTERSCHIED** **AUF 1050 M, AB 820 M**

 GOLDGELB

 WÜRZIG

 MALZNOTE

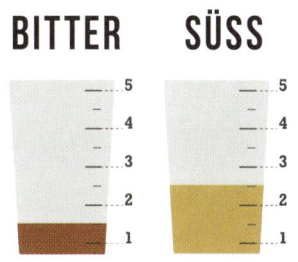

WEGBESCHREIBUNG

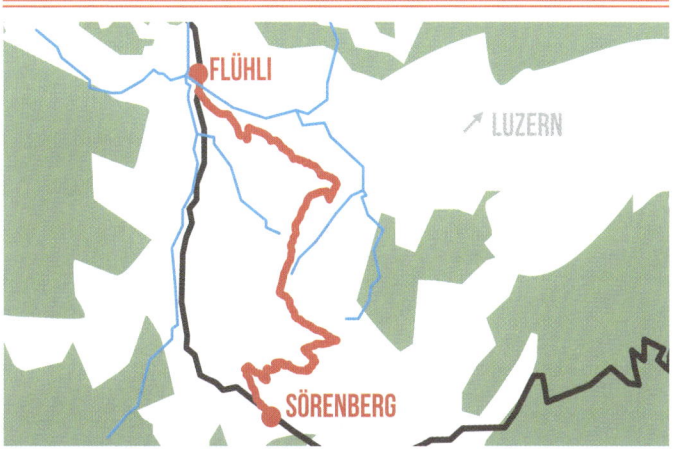

Flüeli Hüttlene (915 m) → Bleikechopf → Haglere (1949 m) → Teufimattsattel → Sörenberg (1166 m)

Flüeli liegt an der Postautolinie Schüpfheim –Sörenberg.

Von der Postautohaltestelle Flüeli Hüttlene folgt man dem Wanderweg auf den Bleikechopf. Man geht ein kurzes Stück auf der Strasse bis über die Brücke.
Dann zweigt man nach links ab. Die erste halbe Stunde verläuft der Wanderweg auf einem geteerten Strässchen ohne Fahrverbot. Das ist aber der einzige Schönheitsfehler

an dieser Tour. Bald nachdem der Weg vom Strässchen abzweigt, geht es stetig aufwärts durch einen bewaldeten Steilhang. Auf dem schmalen Weg ist Trittsicherheit nötig. Dann geht man an einer Alp vorbei auf den Bleikechopf, den ersten Gipfel dieser Tour.

Durch eine Moorlandschaft mit vielen Föhren erreicht man den zweiten Gipfel, die oder den Haglere. Hier hat man eine schöne Aussicht, besonders ins Titlisgebiet. Über den Teufimattsattel steigt man hinunter nach Sörenberg. Zuerst geht es durch den Wald, dann über Wiesen mit Blick auf die Schrattenfluh und das Brienzer Rothorn. Auf der Hauptstrasse in Sörenberg geht man nach links und steht nach ein paar Metern vor dem Restaurant Bäckerstube, wo man das Entlebucher Bier trinken kann. Bei meinem Besuch war es geschlossen, aber im Volg gleich daneben wird es auch verkauft.

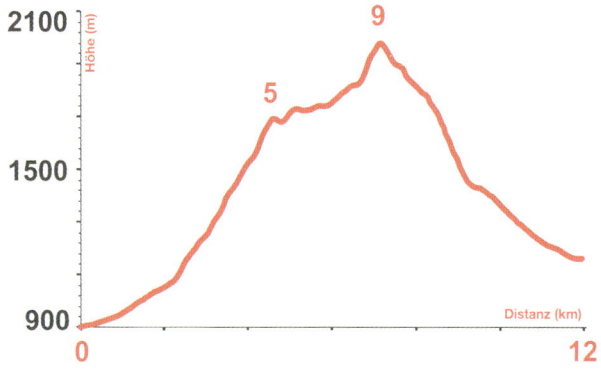

RÜCKFAHRT

Man geht noch ca. 400 Meter talaufwärts zur Post mit Verbindungen zum Bahnhof Schüpfheim.

RESTAURANT BÄCKERSTUBE
Rothornstrasse 19
6174 Sörenberg/LU
041 488 13 61
www.baeckerstube.ch

VOLG
Rothorn-Center 1
6174 Sörenberg/LU
041 488 11 33

ENTLEBUCHER BIER
Farb 3
6162 Entlebuch
041 480 01 64
www.entlebucher-bier.ch

SEHENSWÜRDIGKEIT
- Moorlandschaft der Unesco
- Biosphäre Entlebuch

HEITERSBERG

EIN WALDSEE UND EINE WILDE FELSENLANDSCHAFT

AUSGANGSORT **REPPISCHHOF**	**ZIEL** **BADEN**
BIER **MÜLLER BRÄU**	**ANFORDERUNGEN** **WANDERUNG**
KARTE **BLATT 215** (BADEN) **BLATT 225** (ZÜRICH)	**WANDERZEIT** **4¾ STD., 18 KM**
SEHENSWÜRDIGKEIT **TÜFELS-CHÄLLER FELSLANDSCHAFT**	**HÖHENUNTERSCHIED** **AUF 430 M, AB 470 M**

5.0% ALKOHOLGEHALT

HELL
UNFILTRIERT
UNTERGÄRIG

 HELL

 FRUCHTIG

 GETREIDIG

BITTER **SÜSS**

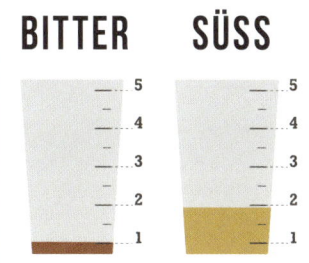

WEGBESCHREIBUNG

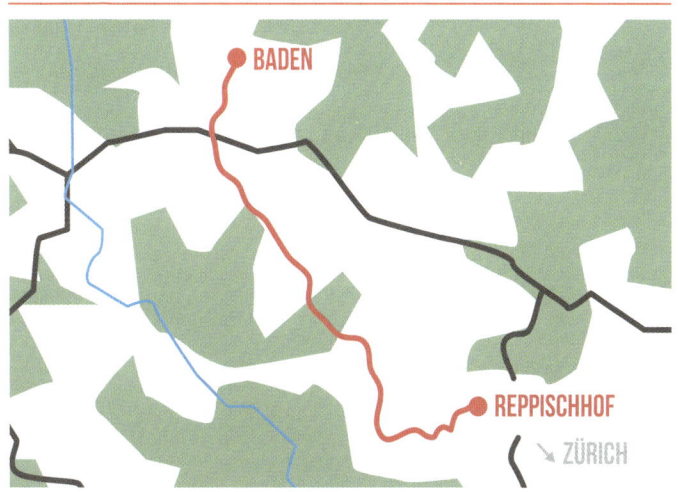

Reppischhof (428 m) → Hasenberg → Heitersberg (735 m) oder Egelsee → Tüfels-Chäller → Baden (385 m)

Reppischhof liegt an der Dietikon-Bremgarten-Wohlen-Bahn.

In der Bahnhofunterführung nimmt man den Ausgang nach links und geht dann über Gwiden und Herrenberg (Restaurant) zum Hasenberg hinauf. Dieser Aufstieg ist

zwar landschaftlich schön, aber zum grössten Teil asphaltiert.
Die Wanderwegmarkierungen sind etwas spärlich, aber wenn man ab und zu in die Karte schaut, findet man den Hasenberg problemlos.
Vom Hasenberg folgt man dem Wanderweg nach Baden. Es hat jetzt mehr Naturbelag und die Strecke ist sehr gut markiert. Kurz nach dem Hasenberg muss man sich entscheiden, ob man über den Heitersberggrat oder am Egelsee entlang wandern will. Beides ist schön. Die beiden Wege sind etwa gleich lang und treffen sich wieder am Pt. 708. Weiter geht es über den Bergrücken mal im Wald, mal mit Aussicht ins Limmattal oder ins Reusstal. Kurz vor Baden durchquert man den Tüfels-Chäller. Nach der Eiszeit kam hier der ganze Hang ins Rutschen und es bildete sich eine wilde Landschaft mit Felstürmen, Spalten und Löchern. Der Wald wird nicht mehr genutzt und entwickelt sich langsam zum Urwald.
Auf einem gut angelegten Fussweg gelangt man vom Waldrand in die Altstadt von Baden. Der Wanderweg führt durch das Stadttor. Dann geht man geradeaus weiter durch die Bahnhofstrasse zum Bahnhof.
Das Bier der Brauerei Müller wird in vielen Restaurants in Baden ausgeschenkt. Im Sommer schmeckt es natürlich am besten im Biergarten der Brauerei. Um dorthin zu gelangen, unterquert man im Bahnhof alle Gleise, bis man vor dem Coop steht. Hier geht man nach links die Treppe hinauf und oben sofort nach rechts. Durch einen Durchgang kommt man zur Dynamostrasse. Rechts sind schon die Bäume des Biergartens sichtbar. Noch ein paar Schritte und man steht zwischen den langen Festtischen unter den alten Bäumen. Er ist im Sommer bei schönem Wetter täglich geöffnet.

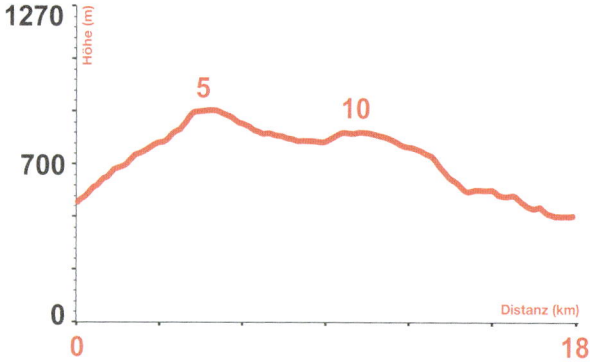

GASTHOF HERRENBERG
044 740 82 56
www.gasthof-herrenberg.ch

BIERGARTEN BADEN
Dynamostrasse
5400 Baden
079 598 50 32
www.biergartenbaden.ch

BRAUEREI MÜLLER
Dynamostrasse 8
5400 Baden
056 203 06 06
www.brauerei-mueller.ch

SEHENSWÜRDIGKEITEN
- Egelsee
- Tüfels-Chäller, Felslandschaft

HOCHASTLER

AUSSICHTSPUNKT ÜBER DEM RHONETAL

VS

AUSGANGSORT **RARON**	**ZIEL** **BÜRCHEN HASEL**
BIER **BÜRCHNER BIER**	**ANFORDERUNGEN** **BERGTOUR**
KARTE **BLATT 274** **(VISP)**	**WANDERZEIT** **3 STD., 5 KM**
SEHENSWÜRDIGKEIT **AUSSICHTSPUNKT HOCHASTLER**	**HÖHENUNTERSCHIED** **AUF 760 M, AB 60 M**

4.8% ALKOHOL-GEHALT	HELL UNFILTRIERT NATURTRÜB

 GOLDGELB

 WÜRZIG-MILD

 MALZBETONT

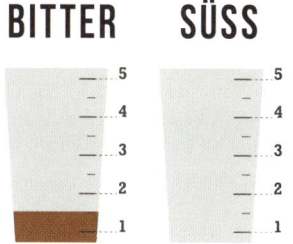

WEGBESCHREIBUNG

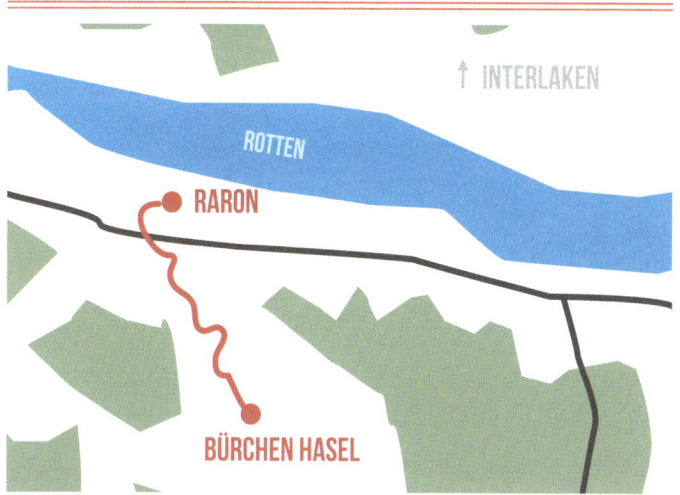

Raron (620 m) → Birch → Hochastler → Bürchen Hasel (1340 m)

Raron liegt an der Bahnlinie Lausanne–Brig.

Der Weg ist durchgehend als Wanderweg (gelb) markiert. Er entspricht aber im untersten Drittel eher einer leichten Bergtour.

Alle erwähnten Wanderwege sind auf der SAW-Karte (Ausgabe 2008) eingezeichnet, waren aber im 2011, als ich diese Tour machte, noch nicht durchgehend markiert.
Vom Bahnhof Raron geht man zur Talstation der Seilbahn nach Unterbäch (fünf Minuten, weisser Wegweiser in der Bahnunterführung).
Von der Talstation der Luftseilbahn Raron–Unterbäch folgt man dem Wanderweg nach Bürchen (Wegweiser am Geländer der Unterführung). Im Zickzack geht man durch einen lichten Wald mit vorwiegend Föhren und Birken nach Birch hinauf. Dort erreicht man ein asphaltiertes Strässchen. Ab Birch ist der Wanderweg nicht mehr markiert. Mit Hilfe der Karte ist er aber problemlos zu finden. Das Strässchen und der Weg führen beide nach Bürchen. Der Wanderweg überquert das Strässchen insgesamt fünf Mal, bis er unter dem Hochastler ins Strässchen mündet. Man folgt dem Strässchen ca. 200 Meter, dann zweigt der Wanderweg zum Hochastler nach links ab (Wegweiser). In kurzen Abständen folgen zwei weitere Wegweiser zum Hochastler. Dann geht es wieder unmarkiert weiter. Das ist aber kein Problem. Der Aussichtspunkt Hochastler mit dem Sendemast und dem grossen Kreuz ist von weitem sichtbar.
Der Aufstieg wird mit einer prächtigen Aussicht belohnt. Über das Rhonetal sieht man die Lötschentaler Berge und weiter unten die Lötschberg-Südrampe. Richtung Südwesten sieht man Unterbäch, das Rütli der Schweizer Frauen (siehe Film "Verliebte Feinde").
Vom Hochastler geht man zurück zum letzten Wegweiser. Dort geht man geradeaus weiter Richtung Bürchen, wieder ohne Markierung. Bei der Postautohaltestelle Obscha (auf der Wanderkarte eingezeichnet, aber nicht angeschrieben) erreicht man die Strasse. Ab hier folgt man dem markierten Wanderweg nach Hasel. Er folgt zuerst der Strasse und führt dann steil hinauf an der Kirche vorbei wieder auf die Strasse. Hier geht man nach rechts zum Dorfladen, wo man das Bürchner Bier kaufen kann. Das Bier ist ausserdem in fast jedem Restaurant in der Moosalpregion erhältlich.

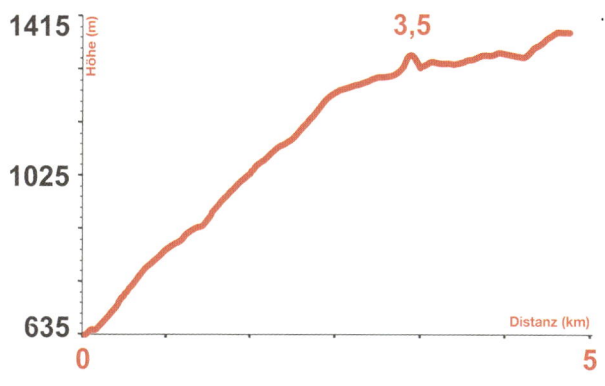

RÜCKFAHRT

Der Dorfladen steht direkt bei der Post Bürchen Hasel, von wo das Postauto nach Visp fährt.

VOLG
Bürchen Hasel
027 934 27 72

BÜRCHNER BIER
Zenhäuserngasse 9
3935 Bürchen
078 778 24 19
www.buerchnerbier.ch

SEHENSWÜRDIGKEITEN
- Aussichtspunkt Hochastler
- Unterbäch, das Rütli der Schweizer Frauen

HOMBERG

AUF HÜGELZÜGEN ÜBER DEM AARGAUER SEETAL

AUSGANGSORT **SEON**	**ZIEL** **BEINWIL AM SEE**
BIER **MÜLLER BRÄU**	**ANFORDERUNGEN** **WANDERUNG**
KARTE **BLATT 224** (OLTEN) **BLATT 225** (ZÜRICH)	**WANDERZEIT** **4 STD., 14 KM**
SEHENSWÜRDIGKEIT **HALLWILERSEE**	**HÖHENUNTERSCHIED** **AUF 540 M, AB 460 M**

5.0% ALKOHOLGEHALT

HELL
UNFILTRIERT
UNTERGÄRIG

HELL

FRUCHTIG

GETREIDIG

BITTER   **SÜSS**

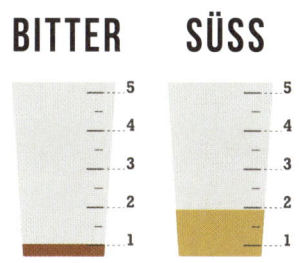

WEGBESCHREIBUNG

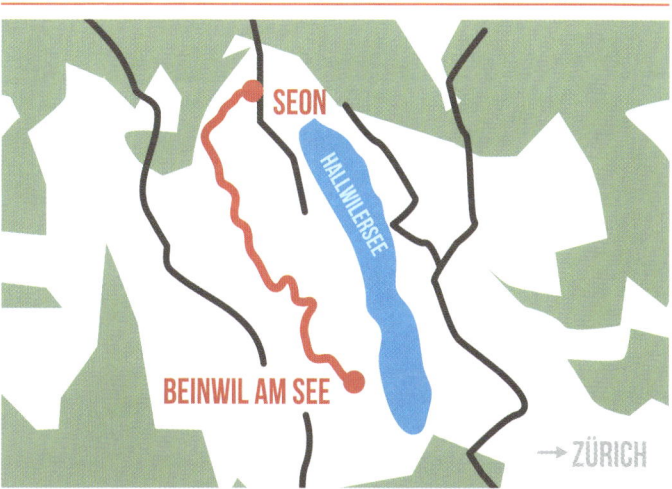

Seon (446 m) → Dürrenäsch → Homberg
→ Hochwacht (788 m) → Beinwil am See (519 m)

Seon liegt an der Seetalbahn zwischen Lenzburg und Luzern.

Vom Bahnhof Seon folgt man dem Wanderweg über Sibe Zwingstei und Dürrenäsch auf den Homberg. Immer wieder hat man Aussicht in die Alpen, den Jura, den Schwarzwald

und über das Mittelland. Beim Ober Flügelberg, im Bergrestaurant Homberg, gibt es das Müller Bräu. Vom Bergrestaurant sind es noch 10 Minuten zum Aussichtspunkt Hochwacht mit einem Panorama vom Säntis bis zum Berner Oberland.
Von der Hochwacht geht man in 35 Minuten zum Bahnhof Beinwil am See hinunter, der wieder an der Seetalbahn liegt.

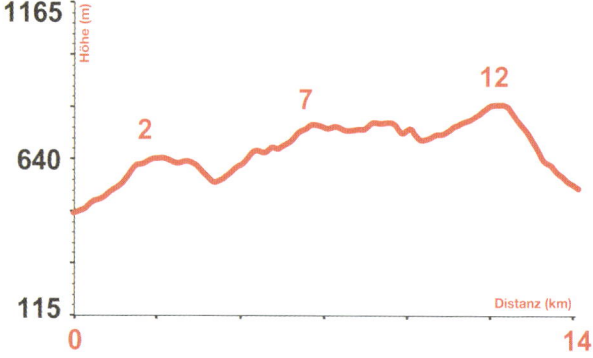

BERGRESTAURANT HOMBERG
062 771 10 53
www.homberg-reinach.ch

BRAUEREI MÜLLER
Dynamostrasse 8
5400 Baden
056 203 06 06
www.brauerei-mueller.ch

SEHENSWÜRDIGKEIT
- Hallwilersee

HONASP

NEUER UND ALTER VERKEHRSWEG ZÜRICH–WINTERTHUR

ZH

AUSGANGSORT **KEMPTTHAL**	ZIEL **NÜRENSDORF**
BIER **SCHLOSSQUELL**	ANFORDERUNGEN **SPAZIERGANG**
KARTE **BLATT 216** **(FRAUENFELD)**	WANDERZEIT **1½ STD., 5 KM**
SEHENSWÜRDIGKEIT **ALTES** **FABRIKGEBÄUDE**	HÖHENUNTERSCHIED **AUF 140 M, AB 100 M**

DUNKEL
UNFILTRIERT
NATURTRÜB

 DUNKELBLOND

 MILD-MALZIG

 KARAMELLIG

BITTER SÜSS

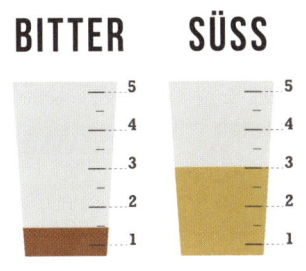

WEGBESCHREIBUNG

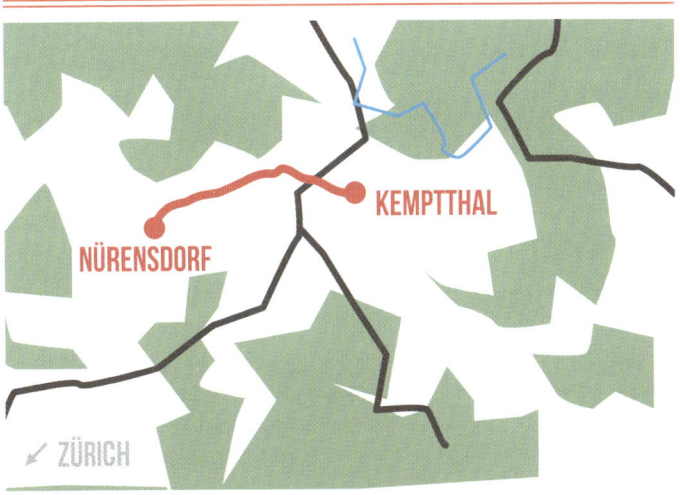

Kemptthal (469 m) → Winterberg → Kleinikon
→ Honasp → Hakab → Nürensdorf (505 m)

Kemptthal liegt an der Bahnlinie Zürich–Winterthur.

Der kleine Bahnhof neben der alten Maggifabrik liegt im engen Tal, durch das sich heute der ganze Bahn- und Autoverkehr zwischen Zürich und Winterthur zwängt. Man folgt dem Wanderweg nach Nürensdorf. Es geht zuerst steil bergauf. Bald wird das Gelände flacher und man hört nichts mehr von der Autobahn.

Man durchquert die Dörfer Winterberg und Kleinikon. Dann geht man über die Hochebene mit Äckern, Wiesen und dem Honaspwald nach Hakab. Immer wieder hat man eine schöne Aussicht in die Alpen. Von Hakab geht man neben einem kleinen Bach nach Nürensdorf hinunter bis zur Strassenkreuzung beim Restaurant Bären. Zur Fuhrwerk- und Pferdekutschenzeit verlief hier die Hauptstrasse zwischen Winterthur und Zürich.

Die Brauerei Schlossbraui erreicht man, indem man von der Kreuzung nach rechts und an der Bibliothek vorbeigeht. Wenn die Brauerei geschlossen ist, kann man das Bier im Restaurant Bären und in der Bäckerei Bosshard trinken und im Volg kaufen. Diese drei Lokale befinden sich an der Kreuzung.

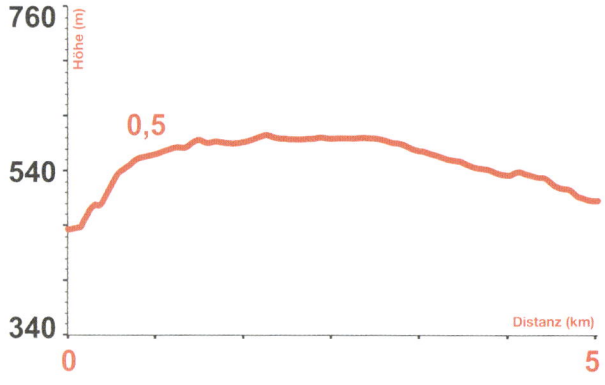

RÜCKFAHRT

Man geht zurück zur Kreuzung beim Bären. Rund um die Kreuzung hat es die Bushaltestellen Post, Lindauerstrasse und Sennhütte mit direkten Verbindungen an die Bahnhöfe Winterthur, Effretikon und Bassersdorf.

SCHLOSSBRAUI NÜRENSDORF
Brauereiweg 3
Postfach 223
8309 Nürensdorf
www.schlossquell.ch

VOLG
Lindauerstrasse 2
8309 Nürensdorf
044 836 52 16

RESTAURANT BÄREN
Alte Winterthurerstrasse 45
8309 Nürensdorf
044 836 49 00
www.baeren-nuerensdorf.ch

BÄCKEREI BOSSHARD
Lindauerstrasse 1,
8309 Nürensdorf
044 836 45 65
www.baeckerei-bosshart.ch

SEHENSWÜRDIGKEIT
- Altes Fabrikgebäude, Bahnhof Kemptthal

HÖNGGERBERG

DREI UNTERSCHIEDLICHE QUARTIERE IN ZÜRICH

ZH

AUSGANGSORT ZÜRICH AFFOLTERN	**ZIEL** ZÜRICH KREIS 5
BIER STEINFELS	**ANFORDERUNGEN** SPAZIERGANG
KARTE STADTPLAN VON ZÜRICH	**WANDERZEIT** 1½ STD., 6 KM
SEHENSWÜRDIGKEIT BERNOULLIHÄUSER	**HÖHENUNTERSCHIED** AUF 100 M, AB 150 M

5.3% ALKOHOL-GEHALT

**HELL
UNFILTRIERT
NATURTRÜB**

 GOLDGELB

 FRUCHTIG

 FRUCHTIG NACH BANANE

BITTER **SÜSS**

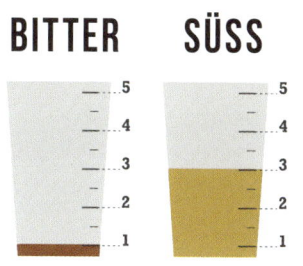

WEGBESCHREIBUNG

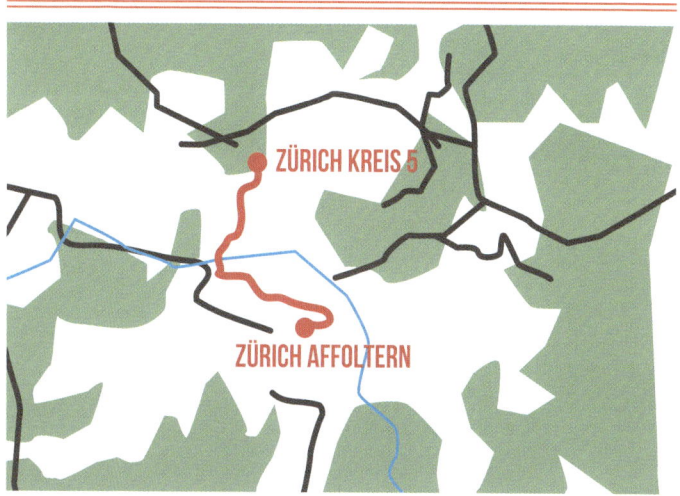

Zürich Affoltern (456 m) → Hönggerberg → Limmat → Zürich Kreis 5 (400 m)

Der Bahnhof Zürich Affoltern liegt an der Linie Baden - Zürich durch das Furttal.
Die Haltestelle Zehntenhausplatz erreicht man mit verschiedenen Bussen der Stadt Zürich und mit der Buslinie 491 ab Hüttikon im Furttal.

Vom Bahnhof folgt man dem Wanderweg Richtung Zürich Höngg und geht beim Zehntenhausplatz durch die Unterführung.
Der Zehntenhausplatz ist eine grosse Strassenkreuzung mit Bushaltestellen auf verschiedenen Seiten. Wer die Wanderung hier beginnt, findet den Wanderweg beim Aufgang aus der Unterführung neben dem Hotel Kronenhof. Nach ein paar Metern neben der Schauenbergstrasse geht es leicht ansteigend an ein paar Häusern vorbei zu einem Fussweg. Dieser führt in den Wald und dann durch ein Tobel zu Sportplätzen auf dem Hönggerberg. Kurz darauf hat man eine schöne Aussicht über das Limmattal und Zürich, bei klarem Wetter auch in die Alpen.

Man folgt dem Wanderweg nach Höngg noch bis zur Regensdorferstrasse hinunter. Dort verlässt man ihn und geht die Wieslergasse hinunter in die Imbisbühlstrasse. Dann überquert man die Limmattalstrasse und folgt ihr nach links bis zur Hohenklingenstrasse. Ab hier folgt man dem Wanderweg Richtung Albisrieden. Er verläuft ein paar Meter auf der Hohenklingenstrasse bis zur Strasse mit dem Namen "Am Wettingertobel", die man hinuntergeht. Bald wird sie zu einem Fussweg, auf dem man die Vorhaldenstrasse erreicht. Man überquert die Winzerstrasse und geht dann leicht rechts die Winzerhalde hinunter bis zum Flusskraftwerk Höngg.
Hier geht man nach links limmataufwärts (Strassenschild "Im Giessen") bis zum Hardeggsteg. Man überquert die Limmat und geht an den Bernoullihäusern vorbei bis zum Hardturmwegsteg, auf dem man wieder ans rechte (in Fliessrichtung) Limmatufer wechselt. So kann man einem Stück Autostrasse ausweichen.
Man geht weiter flussaufwärts bis zum Dammsteg kurz vor dem nächsten Eisenbahnviadukt und überquert die Limmat noch einmal. Dann geht man geradeaus weiter an der ehemaligen Brauerei Löwenbräu vorbei bis zur Limmatstrasse. Man überquert sie und folgt ihr nach rechts zur Roggenstrasse. Durch diese erreicht man die Heinrichstrasse und geht nach rechts bis zur Nummer 267. Im Restaurant Steinfels an der Heinrichstrasse 267 wird das Steinfels-Bier gebraut.

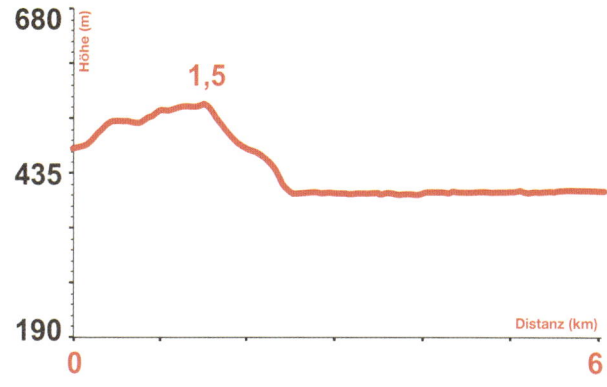

RÜCKFAHRT

Von der Mündung der Heinrichstrasse in die Hardstrasse sind es ca. 200 Meter nach rechts zum Escher-Wyss-Platz, wo verschiedene Tram- und Buslinien fahren, oder ca. 600 Meter zum S-Bahnhof Hardbrücke.

RESTAURANT STEINFELS
Heinrichstrasse 267
8005 Zürich
044 271 10 30
www.steinfels-zuerich.ch

SEHENSWÜRDIGKEITEN
- Flusskraftwerk Höngg, Besichtigungen 058 319 49 60
- Bernoullihäuser

4

ZWISCHENSTOPP!

ZAHLEN

25%

DES BIERES WIRD IN EINWEGFLASCHEN UND ETWA 32% IN DOSEN VERKAUFT.

1180

DIE SCHWEIZ HAT HEUTE MEHR ALS 1180 REGISTRIERTE BRAUEREIEN (1188 STAND OKTOBER 2023). DAMIT HAT SIE DIE HÖCHSTE BRAUEREIDICHTE DER WELT.

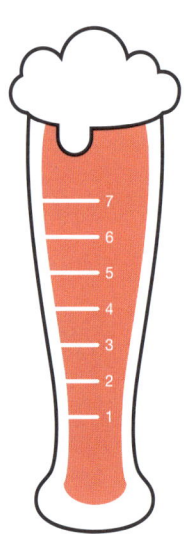

79 586

DIE SCHWEIZER BIERE (79 586 HL) WERDEN IN 32 LÄNDER EXPORTIERT. IMPORTIERT WIRD BIER (1 107 690 HL) AUS 82 LÄNDERN.

1996

DIE BRAUEREI WÄDI BRÄU WAR PIONIER IN SACHEN HANFBIER UND DIE ERSTE WELTWEIT, DIE HANFBIER IN FLASCHEN PRODUZIERT HAT (1996).

3 514 819

DIE BRAUEREIEN HABEN 2012 INSGESAMT 3 514 819 HEKTOLITER (3,51 MIO. HL) BIER GEBRAUT.

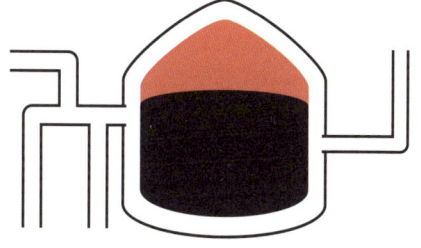

IN DER SCHWEIZ WURDEN IM JAHR 2012 INSGESAMT 4 622 509 HL (4,62 MIO. HL) BIER GETRUNKEN, WAS EINEM PRO-KOPF-KONSUM VON 57,3 LITERN ENTSPRICHT.

SPRACHEN

(DEUTSCH)
« GUTEN TAG, EIN BIER BITTE »

(FRANZÖSISCH)
« BONJOUR, UNE BIÈRE, S'IL VOUS PLAÎT »

(ENGLISCH)
« HELLO, CAN I HAVE A BEER PLEASE ? »

(ITALIENISCH)
« BUONGIORNO, UNA BIRRA PER FAVORE »

(ROMANTSCH)
« ALLEGRA, INA BIERA PER PLASCHAIR »

BERE **ØL** **OLUT**
BIER
BEER **BIRRA**
BIER
CERVEJA **ØL**
PIWO
ÖL **BIÈRE** **SÖR**
PIVO **MPIRA**
CERVEZA

WEITER GEHT DIE REISE...

EMMENTAL

FLACHE STRECKE DURCH HÜGELIGE LANDSCHAFT

BE

AUSGANGSORT # LANGNAU	**ZIEL** # GRÜNENMATT
BIER ## RED ALE	**ANFORDERUNGEN** ## WANDERUNG
KARTE ## BLATT 244 (ESCHOLZMATT) ## BLATT 234 (WILLISAU, LETZTER KM)	**WANDERZEIT** ## 3¼ STD., 14 KM
SEHENSWÜRDIGKEIT ## HOPFEN AUF DER RESTAURANTTERRASSE	**HÖHENUNTERSCHIED** ## AUF 80 M, AB 130 M

 **5.5%** ALKOHOLGEHALT — AMERICAN RED ALE

 BERNSTEIN

 HOPFIG, FRUCHTIG

 ORANGE

WEGBESCHREIBUNG

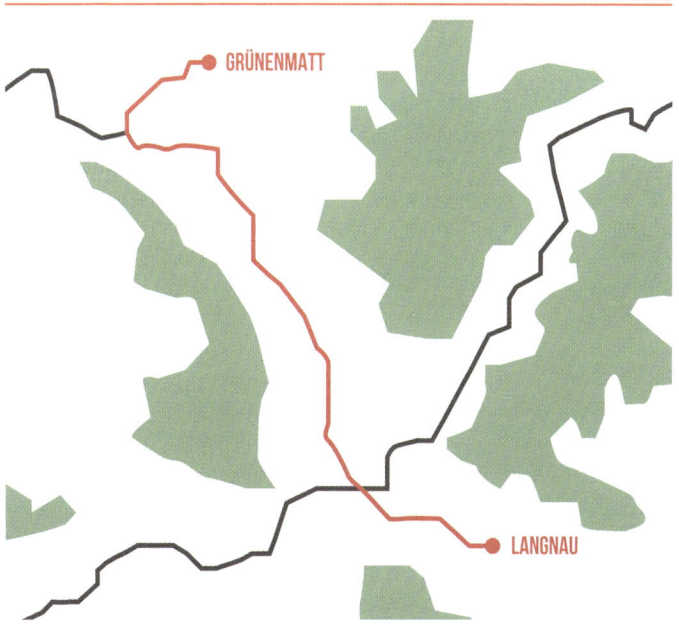

Langnau (673m) → Zollbrück - Ramseistäg → Grüenenstäg → Grünenmatt (624m)

Langnau liegt an der Bahnlinie Bern - Luzern.

Vom Bahnhof Langnau im Emmental folgt man dem Emmeuferweg Richtung Lützelflüh. Der Weg verläuft zuerst am Ufer der Ilfis, einem Nebenfluss der Emme. Auf beiden Seiten des Flusses gibt es einen Wanderweg. Damit man so wenig Asphaltstrecken wie möglich zu bewältigen hat, geht man zuerst auf dem rechten Ufer flussabwärts bis zu einer Metallgitterbrücke. Dort überquert man die Ilfis und folgt dem linken Ufer bis zur übernächsten Brücke. Hier wechselt man wieder auf das rechte Ufer. Kurz darauf mündet die Ilfis in die Emme.

Auf dem meist bewaldeten Emmeuferweg gelangt man am Bahnhof Neumühle vorbei zum Bahnhof Zollbrück. Dort befindet sich die Brauerei "Mein Emmental". In der Brauschüür kann man verschiedene Biere dieser Brauerei trinken und im Braushop nebenan kaufen.

Von Zollbrück geht man weiter Richtung Lützelflüh. Mal fliesst die Emme hinter Büschen, ab und zu sieht man den Fluss zwischen seinen Kiesbänken. Nach einer Flussbiegung sieht man rechts die interessanten Gesteinsschichten der Wannenfluh.

Am Ramseistäg vorbei erreicht man Ramsei/Grüenenstäg. Dort verlässt man den Emmeuferweg und folgt dem Wanderweg nach Grünenmatt. Bald gelangt man ans Ufer des Bachs Grüene. Auf abwechslungsreichen Wegen erreicht man das Dorf Grünenmatt. Im Gasthof zum Löwen kann man verschiedene Sorten hauseigenes Bier trinken. Am besten schmeckt es auf der hopfenbekränzten Terrasse.

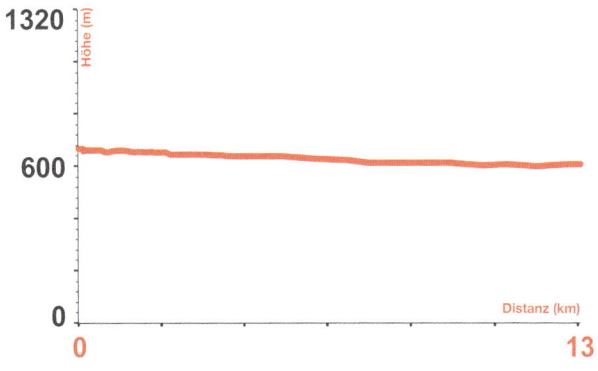

ABKÜRZUNG

Ab Zollbrück dauert die Wanderung 1,75 Stunden.

RÜCKFAHRT

Man folgt weiter dem Wanderweg und erreicht den Bahnhof Grünenmatt in ca. fünf Minuten. Er liegt an der Bahnlinie Burgdorf - Sumiswald.

GASTHOFBRAUEREI ZUM LÖWEN
Lützelflühstrasse 2
3452 Grünenmatt
034 431 16 58
www.gasthofbrauerei.ch

GASTHOF ZUM LÖWEN
Lützelflühstrasse 2
3452 Grünenmatt
034 431 80 70
www.loewengruenenmatt.ch

SEHENSWÜRDIGKEITEN
Hopfen auf der Restaurantterrasse

KRAUCHTHAL

SANDSTRAND, DÜNEN UND ALTE STEINBRÜCHE

AUSGANGSORT **BURGDORF STEINHOF**	**ZIEL** **KRAUCHTHAL**
BIER **HARDEGGERPERLE**	**ANFORDERUNGEN** **WANDERUNG**
KARTE **BLATT 233** (SOLOTHURN) UND BROSCHÜRE DES SANDSTEINLEHRPFADS	**WANDERZEIT** **3 STD., 9 KM**
SEHENSWÜRDIGKEIT **SANDSTEINLEHRPFAD**	**HÖHENUNTERSCHIED** **AUF 230 M, AB 200 M**

 UNFILTRIERT
NATURTRÜB
UNTERÄRIG

 BERNSTEIN

 SÜSS, AROMATISCH

 FRUCHTIG

BITTER   SÜSS

WEGBESCHREIBUNG

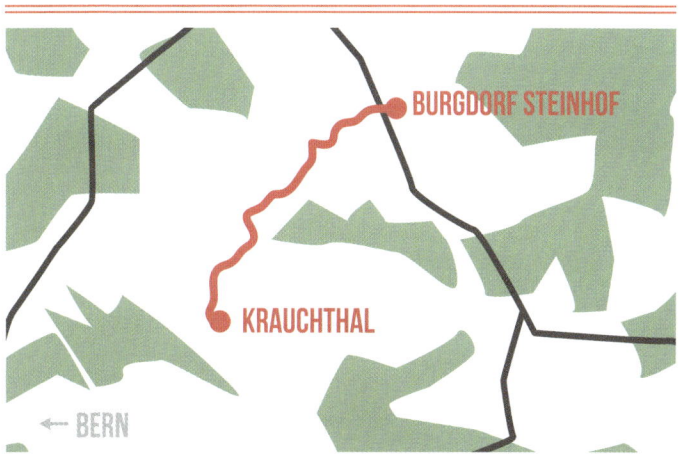

Burgdorf Steinhof (544 m) → Unterbärgetal → Krauchthal (585 m) → Sandsteinlehrpfad über den Chrouchtuberg (707 m)

Burgdorf Steinhof liegt an den Linien S4 und S44 der Berner S-Bahn.

Einige Züge von Burgdorf nach Steinhof fahren ab Gleis 11, das neben Gleis 1 ist.

Man folgt dem Wanderweg durch das Unterbärgetal nach Krauchthal, das man in zwei Stunden erreicht. An der Hauptstrasse im Dorf beginnt der Sandsteinlehrpfad. Er ist mit braunen Wegweisern markiert und führt über den Chrouchtuberg (der Abstecher auf die Chrüzflue braucht Trittsicherheit). Man erfährt nicht nur etwas über die Geologie, sondern hat auch immer wieder schöne Aussicht. Die reine Wanderzeit für diesen Rundweg beträgt eine Stunde.
Die Broschüre zum Sandsteinlehrpfad kostet Fr. 5.– und kann bei der Gemeindeverwaltung Krauchthal bezogen werden, Tel: 034 411 80 80.
Das Krauchthaler Bier Hardeggerperle bekommt man im Volg. Von der Post aus gesehen, liegt Volg Richtung Bolligen.

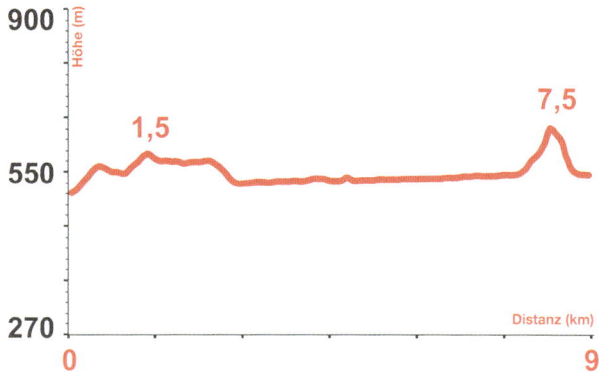

RÜCKFAHRT

Krauchthal liegt an der Postautolinie Hindelbank–Bolligen, die beide zum S-Bahn-Netz Bern gehören.

VOLG KRAUCHTHAL
Länggasse 17
3326 Krauchthal
034 411 14 64

BRAUEREI HARDEGGERPERLE
Hardegg 5
3326 Krauchthal-Hub
034 411 00 50
www.hardeggerperle.ch

SEHENSWÜRDIGKEIT
- Sandsteinlehrpfad

KRISTALLHÖHLE

TROPFSTEINE, GLITZERNDE KRISTALLE UND EIN HÖHLENBACH

SG

AUSGANGSORT
OBERRIET
ODER BRÜLISAU

BIER
QUÖLLFRISCH

KARTE
BLATT 227
(APPENZELL)

SEHENSWÜRDIGKEIT
KRISTALLHÖHLE

ZIEL
BRÜLISAU
ODER OBERRIET

ANFORDERUNGEN
BERGTOUR

WANDERZEIT
4¾ STD., 13 KM
OHNE HÖHLENBESICHTIGUNG

HÖHENUNTERSCHIED
AUF 1000 M, AB 500 M

HELL
UNFILTRIERT
NATURTRÜB

 GOLDGELB

 FRISCH

 RUND, MALZIG

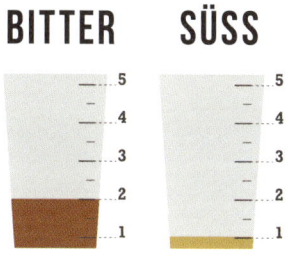

WEGBESCHREIBUNG

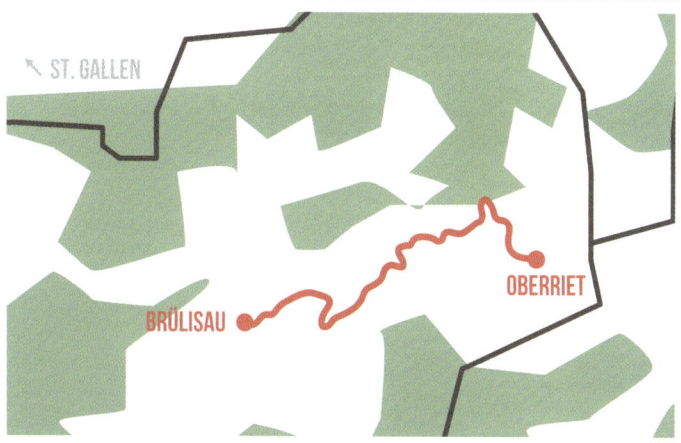

Oberriet Moos (426 m) ➔ Kristallhöhle ➔ Chienberg
➔ Strüssler ➔ Montlinger Schwamm ➔ Zapfen (1286 m)
➔ Chli Rossberg ➔ Fulen ➔ Brülisau (925 m)

Oberriet Moos liegt an der Buslinie Buchs SG
–Altstätten.

Die Route ist gut markiert, aber die Wegweiser sind
zum Teil uneinheitlich beschriftet, was die
Beschreibung etwas kompliziert macht.

Von der Bushaltestelle folgt man dem Wanderweg zur Kristallhöhle. Er ist zwar gelb markiert, hat aber einen grossen, handgemalten Holzwegweiser. Eine Minute später nimmt man den Wanderweg Richtung Freienbach. An den folgenden Abzweigungen ist dann die Kristallhöhle wieder angeschrieben. Der Weg führt durch ein kleines Tal und dann durch den Wald zum Eingang der Höhle, die man besichtigen kann. Der Rundgang ist gut ausgebaut und etwas abenteuerlicher als bei anderen Schauhöhlen, so dass man sich ein wenig als Höhlenforscherin fühlen kann. Die Höhlenwände sind mit glitzernden Kristallen überzogen, dazwischen hängen Tropfsteine und unten rauscht der Höhlenbach.

Nachdem man aus diesem Märchenreich wieder an die Erdoberfläche gestiegen ist, geht man weiter Richtung Chienberg, bis ein Weg abzweigt zum Aussichtspunkt Salchet. Dieser Abstecher erfordert etwas Trittsicherheit. Die Aussicht reicht über das weite Rheintal in die Österreicher Alpen und bei ganz klarer Sicht sieht man sogar ein kleines Stück vom Bodensee. Vom Aussichtspunkt kann man direkt weiter auf den Chienberg steigen, von wo man weitergeht zum Montlinger Schwamm. Auch vom Chienberg hat man wieder eine schöne Aussicht, diesmal rheintalaufwärts.

Im Abstieg vom Chienberg steht in einer Strassenkurve ein Wegweiser ohne Angaben, wo es zum Montlinger Schwamm geht. Hier geht man 10 Minuten weiter auf der Strasse. Beim nächsten Wegweiser (Pt. 783) wird der Montlinger Schwamm wieder angezeigt. Durch lichten Wald und über Weiden erreicht man das Berggasthaus Montlinger Schwamm.

Von hier folgt man dem Wanderweg nach Brülisau. Beim Kriessner Schwamm hat es zwei Möglichkeiten nach Brülisau. Man nimmt den Weg geradeaus und erreicht so die Passhöhe Zapfen. Der Blick von hier in den Alpstein ist fantastisch.

Immer diese Aussicht vor Augen kommt man zur Alp Chli Rossberg. Ab hier gibt es zwei Wege nach Brülisau. Man geht nach rechts auf dem Naturweg. Er überquert das Forsttobel und führt auf der rechten Bachseite nach Brülisau hinunter. Kurz vor Brülisau hat sich der Bach eine wilde Schlucht gegraben.

In der Nähe der Postautohaltestelle in Brülisau befindet sich der Gasthof Rössli, wo man Appenzeller Bier bekommt.

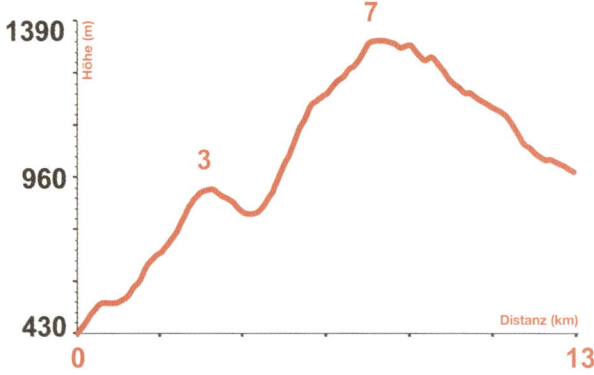

RÜCKFAHRT

Von Brülisau fährt man mit dem Postauto oder dem PubliCar nach Weissbad, wo man Anschluss hat an die Appenzellerbahn.

GASTHAUS RÖSSLI
Dorf 2
9058 Brülisau
071 799 11 04
www.roessli-bruelisau.ch

SEHENSWÜRDIGKEITEN
- Kristallhöhle
  www.kristallhoehle.ch
- Appenzeller Bauernhäuser in Brülisau

LÄGERN

ÜBER DEN AUSSICHTSREICHEN LÄGERNGRAT

AUSGANGSORT **DIELSDORF**	**ZIEL** **BADEN**
BIER **LÄGEREBRÄU**	**ANFORDERUNGEN** **BERGTOUR**
KARTE **BLATT 215** **(BADEN)**	**WANDERZEIT** **4 STD., 13 KM**
SEHENSWÜRDIGKEIT **LANDVOGTEI-** **SCHLOSS BADEN**	**HÖHENUNTERSCHIED** **AUF 530 M, AB 570 M**

5.2% ALKOHOLGEHALT

UNFILTRIERT
NATURTRÜB
UNTERGÄRIG

 HELL, NATURTRÜB

 MALZBETONT

 VOLLMUNDIG

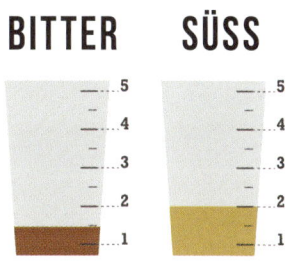

WEGBESCHREIBUNG

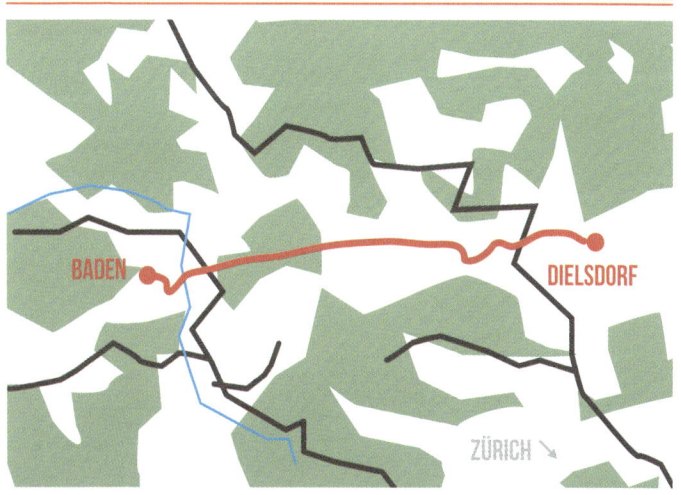

Dielsdorf (429 m) → Lägern (866 m) → Baden (385 m)

Dielsdorf erreicht man mit der Zürcher S-Bahn.

Vom Bahnhof Dielsdorf folgt man dem Wanderweg nach Baden. Nach ein paar Schritten auf dem Trottoir zweigt er nach rechts ab. Zuerst auf einem Fussweg, dann auf einer Quartierstrasse erreicht man die Hauptstrasse. Dann geht es bergauf. Nach den letzten Häusern führt der Weg durch

Schrebergärten und Rebberge am Steinbruch vorbei, der bekannt ist für seine reichhaltigen Fossilienfunde. Nach 40 Minuten erreicht man das mittelalterliche Städtchen Regensberg. Wer sich den Aufstieg sparen möchte, kann mit dem Bus von Dielsdorf nach Regensberg fahren.
Man durchquert das ganze Städtchen auf der Strasse bis zum Waldrand. Dort zweigt der Wanderweg rechts ab. Auf breiten Waldwegen steigt man über den Bergrücken zur Hochwacht hinauf. Man erreicht sie in einer Stunde ab Regensberg. Die wohlverdiente Pause kann man entweder im Restaurant oder auf der Aussichtsplattform machen. Weiter geht es an der Ruine Altlägern vorbei. Der Grat und mit ihm der Weg wird immer schmaler. Er weist aber noch keine gefährlichen Stellen auf. Schon 50 Minuten nach der Hochwacht steht man auf dem Burghorn, wo es sich wieder lohnt, Pause zu machen. Im Süden sieht man die Alpenkette und im Norden den Schwarzwald. Nach einem kurzen Abstieg erreicht man die schmalste Stelle des Grates. Wer nicht trittsicher und schwindelfrei ist, sollte hier die etwas tiefer gelegene Umgehungsroute wählen (markiert). Bei Nässe und Schnee ist die Umgehung auch erfahrenen Bergsteigerinnen und Bergsteigern zu empfehlen, denn die Kalkfelsen sind von vielen tausend Schuhen blankpoliert und glitschig. Nach dieser Schlüsselstelle geht es immer leicht abwärts auf dem Grat bis zum Restaurant Schloss Schartenfels. Man geht um das Schloss herum und auf einer Treppe nach Baden hinunter. Beim Landvogteischloss überquert man die Limmat auf einer gedeckten Holzbrücke und geht durch die Altstadt zum Bahnhof.
Das Bier der Lägere Bräu aus Wettingen ist in einigen Restaurants erhältlich. Auf der Website der Brauerei hat es ein Verzeichnis.

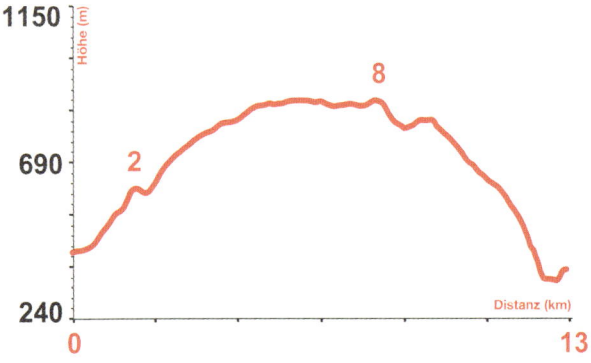

RESTAURANT HOCHWACHT LÄGERN
044 853 11 48
www.laegern-hochwacht.ch

RESTAURANT SCHLOSS SCHARTENFELS
056 426 19 27
www.schloss-schartenfels.ch

LÄGEREBRÄU
Klosterstr. 40
5430 Wettingen
056 426 19 54
www.laegerebraeu.ch

SEHENSWÜRDIGKEITEN
- Regensberg, mittelalterliches Städtchen
- Landvogteischloss Baden

LE FLON

IM NAHERHOLUNGSGEBIET VON LAUSANNE

VD

AUSGANGSORT **GRAND MONT**	**ZIEL** **LAUSANNE** FLON
BIER LES BRASSEURS DE LAUSANNE	**ANFORDERUNGEN** **WANDERUNG**
KARTE **BLATT 261** (LAUSANNE) **BLATT 251** (LA SARRAZ)	**WANDERZEIT** **3½ STD., 13 KM**
SEHENSWÜRDIGKEIT **LE SIGNAL**	**HÖHENUNTERSCHIED** AUF 260 M, AB 480 M

4.8% ALKOHOL-GEHALT

HELL
NATURTRÜB
OBERGÄRIG

 HELLBLOND

 DUFTIG, WÜRZIG

 MALZIG, GETREIDE

BITTER   SÜSS

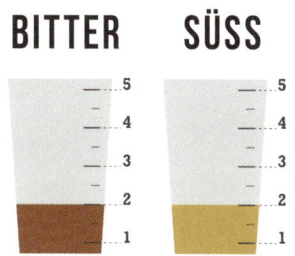

WEGBESCHREIBUNG

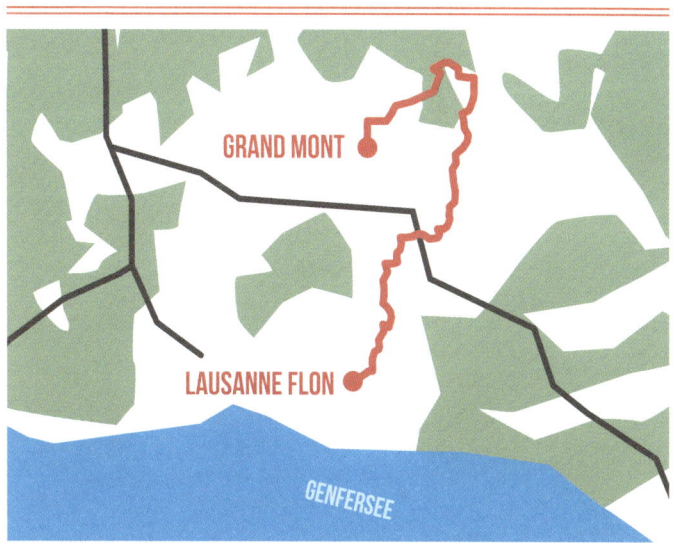

Grand Mont (700 m) → Bushaltestelle Etavez → Chalet aux Boeufs d'En Bas → Chemin de la Fontaine des Meules → Fontaine des Meules → Les Buchilles → Lac de Sauvabelin → Le Signal → Lausanne Flon (479 m)

Man fährt mit der Métro nach Riponne-M. Béjart und von dort weiter mit dem Bus nach Le Mont sur Lausanne Grand Mont.
Von Grand Mont folgt man dem Wanderweg Richtung Chalet des Enfants. Bis kurz nach der Bushaltestelle Etavez (5 Minuten) verläuft er neben der Strasse. Doch bald zweigt man ab und geht meist am Waldrand entlang. Man merkt nichts mehr von der Nähe der grossen Stadt. Die erste Stunde geht man fast immer auf Asphalt. Man kann sich die Hälfte davon ersparen, indem man kurz nach dem Chalet aux Boeufs nach rechts auf einen Feldweg abzweigt. Man geht Richtung Osten bis zu einer Strasse und folgt ihr nach rechts. Nach 50 Metern geht man links auf einen Waldweg und gelangt so wieder auf den markierten Wanderweg beim Chemin de la Fontaine des Meules.

Beim Chemin de la Fontaine des Meules (kurz vor dem Chalet des Enfants) zweigt man nach rechts auf den Wanderweg Richtung Lausanne Riponne ab. Nach ca. 10 Minuten erreicht man den grossen Picknickplatz Fontaine des Meules. Ab hier folgt man dem Wanderweg Richtung Lausanne Tunnel. Weiter durch den Wald, später auch am Waldrand entlang erreicht man den Zickzackweg hinunter zum Fluss Flon. Er ist nicht sehr breit, hat sich aber ein schönes Tal mit kleinen Felswänden gegraben. Man überquert ihn ein paar Mal auf seinem gewundenen Weg durch den Wald. Jetzt ist man auf dem Jakobsweg unterwegs, der ab und zu mit der Nummer 4 markiert ist.

Plötzlich steht man unter einer Autobahnbrücke. Die nächsten 10 Minuten der Wanderung sind nicht schön. Unter der Autobahn geht man eine Treppe hoch und dann 160 Meter neben den sechs Spuren, die direkt an Wohnhäusern vorbei führen. Dann zweigt man nach links ab und geht durch das Réserve Forestière des Vieux-Chênes. Die riesigen, uralten Eichen stehen hier unter Schutz.

Am Lac de Sauvablin vorbei geht es zu einem Aussichtsturm mit Blick über die Stadt, den See und die Alpen. Nach einem kurzen Abstieg erreicht man Le Signal mit fast der gleichen Aussicht. Durch einen grossen Park geht es hinunter in die Stadt. Bei den ersten Häusern geht man nicht die Treppe hinunter nach Lausanne Tunnel, sondern nach links weiter auf dem Jakobsweg durch die Rue de la Barre. An der Kathedrale vorbei erreicht man einen Brunnen mit einer Justiziafigur. Durch die Rue du Pont gelangt man zur Rue Central. Hier verlässt man den Wanderweg und geht ein paar Schritte nach rechts zum Restaurant Les Brasseurs de Lausanne mit vielen im Haus gebrauten Bieren.

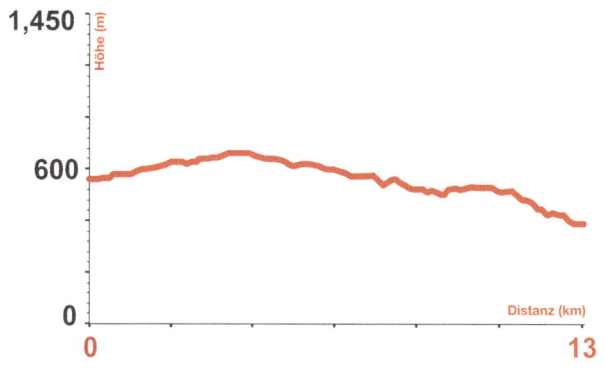

RÜCKFAHRT

Vom Restaurant Les Brasseurs geht man weiter durch die Rue Central unter einer Brücke durch zur Métrostation Lausanne Flon (ca. 150 Meter). Mit der Metro Richtung Ouchy erreicht man den Bahnhof Lausanne.

LES BRASSEURS
Rue Central 4
1003 Lausanne
021 351 14 24
www.les-brasseurs.ch

SEHENSWÜRDIGKEITEN
- Réserve Forestière des Vieux-Chênes
- Le Signal

LIMMATTAL

FLUSSUFER, REBBERGE, WÄLDER UND BAUERNHÖFE AM STADTRAND

ZH

AUSGANGSORT **KILLWANGEN** SPREITENBACH	**ZIEL** **ZÜRICH** BUCHEGGPLATZ
BIER **START**	**ANFORDERUNGEN** **WANDERUNG**
KARTE **BLATT 215** (BADEN) **BLATT 225** (ZÜRICH)	**WANDERZEIT** **4¼ STD., 18 KM**
SEHENSWÜRDIGKEIT **EISENZEITLICHER** **GRABHÜGEL**	**HÖHENUNTERSCHIED** **AUF 390 M, AB 310 M**

HEFEWEIZEN

GOLDEN

BANANE

FRUCHTIG

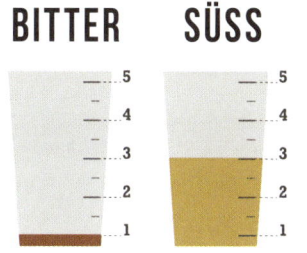

BITTER SÜSS

WEGBESCHREIBUNG

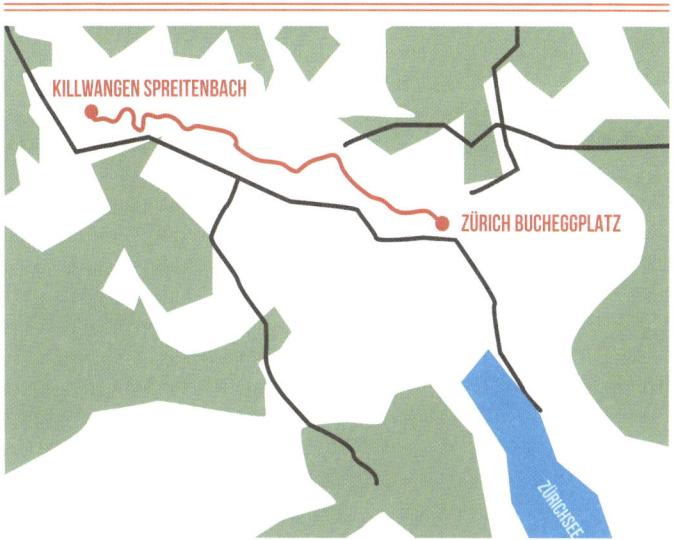

Killwangen Spreitenbach (393 m) → Weiningen
→ Grünwald → Chäferberg (562 m)
→ Zürich Bucheggplatz

Killwangen-Spreitenbach liegt an der Bahnlinie Zürich–Baden. Vom Bahnhof geht man auf dem Wanderweg zum Limmatuferweg Richtung Dietikon, bis man die Autobahn unterquert hat.

Von dort nimmt man den Wanderweg Richtung Kloster Fahr.
Er führt über die Brücke und dann nach rechts auf einem schmalen Pfad zwischen Schilf und Bäumen limmataufwärts.
Nach etwa einer halben Stunde zweigt ein Wanderweg Richtung Würenlos, Wettingen, Baden nach links ab. Man überquert auf ihm eine Strasse und folgt dem Waldrand, bis man nach 10 Min. beim nächsten Wegweiser ankommt. Hier nimmt man die Abzweigung Richtung Oetwil, Geroldswil, Weiningen. Ein Pfeil an einem Baum zeigt nach rechts zu einem Pfosten am Strassenrand, der eine Wanderwegmarkierung hat. Der Pfosten steht vor einem Dickicht. Hier ist keine Abzweigung. Man geht auf der Waldstrasse weiter bis zu einem Teich und von dort geht man nach links Richtung Altberg auf der Waldstrasse. Schon nach ca. 500 Metern, an der nächsten Abzweigung, geht man Richtung Weiningen. Ein paar Schritte weiter nimmt man nochmals den Weg nach Weiningen. Zwischen dem Äschbrig und dem Hasleren hat man Aussicht in die Alpen und steht vor einem Wegweiser mit zwei Möglichkeiten nach Weiningen. Man geht geradeaus weiter zwischen dem Hasleren und dem Altberg durch und am Zangenmoos vorbei nach Weiningen hinunter.
Im Dorf folgt man dem Wegweiser Richtung Bus bis zur Regensdorferstrasse. Dort zweigt man nach links Richtung Zürich Höngg ab. Nach der Kirche verlässt man die Hauptstrasse und geht zuerst ein Strässchen und dann eine Treppe hinauf. Oben an der Treppe ist ein Wegweiser, auf dem rechts Engstringen steht und geradeaus nur Wanderweg. Man geht geradeaus und nimmt erst im Rebberg die Abzweigung nach rechts Richtung Zürich Höngg. Durch Rebberge und an Bauernhöfen vorbei führt der Weg unterhalb vom Gubrist durch. Man hat eine schöne Aussicht über Zürich und in die Alpen, bis man in den Wald kommt. Durch den Wald geht es zum Restaurant Grünwald. Bei der Bushaltestelle Grünwald überquert man die Strasse und geht weiter Richtung Zürich Bucheggplatz an einem eisenzeitlichen Grabhügel vorbei. Bald darauf verlässt man den Wald und folgt der aussichtsreichen Kante oberhalb von Höngg. Beim Kappenbühl hat der Verschönerungsverein Höngg einen Findlingsgarten eingerichtet. Wer Näheres über die Steine erfahren möchte, kann im Ortsmuseum Höngg eine Broschüre beziehen. Nachdem man eine Strasse auf einer Brücke überquert und die nächste mit einer Unterführung unterquert hat, kommt man zu einem Bauernhof mit einem Milchautomaten. Mit Münzeinwurf kann man frische, kühle Milch beziehen. Das Trinkgefäss muss man selber mitbringen.
Nach einem kurzen Aufstieg zum Waldrand sieht man zurück zum Gubrist. Über den Chäferberg geht man weiter Richtung Bucheggplatz. Kurz vor dem Platz mündet der

Fussweg in eine Strasse. Wenn man nach links schaut, sieht man neben einem alten, gelben Ziegelsteingebäude einen kleinen Turm. Dort wird das Hirnibräu gebraut. Freitags von 17-19 Uhr kann man es probieren und kaufen. Im Restaurant Die Waid an der Waidbadstrasse kann man Turbinenbräu geniessen.

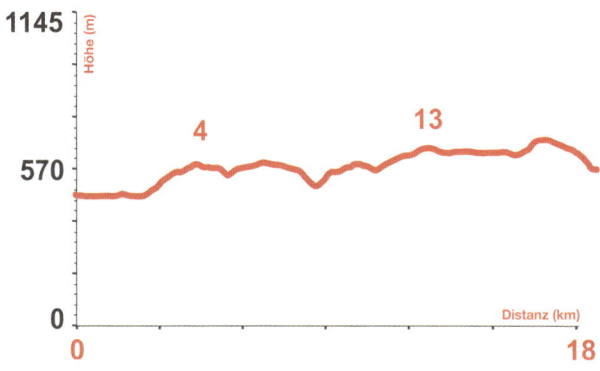

RÜCKFAHRT

Vom Bucheggplatz aus existieren mehrere Tram- und Buslinien in alle Richtungen.

TURBINENBRÄU
Badenerstr. 571
CH-8048 Zürich
044 440 54 14
www.turbinenbraeu.ch

DIE WAID
Waidbadstrasse 45
CH-8037 Zürich
043 422 08 08
www.diewaid.ch

SEHENSWÜRDIGKEITEN
- Zangenmoos, Biotop
- eisenzeitlicher Grabhügel
- Findlingsgarten

HIRNIBRÄU
Käferholzstrasse 10
CH-8057 Zürich-Unterstrass
Telefon auf Anfrage
www.hirnibraeu.ch

LOORENCHOPF

WANDERUNG IN EIN QUARTIER, DAS BESSER IST ALS SEIN RUF

AUSGANGSORT **MAUR**	**ZIEL** **ZÜRICH** SCHWAMENDINGEN
BIER **BIER PAUL 01**	**ANFORDERUNGEN** **WANDERUNG**
KARTE **BLATT 226** (RAPPERSWIL) **BLATT 225** (ZÜRICH)	**WANDERZEIT** **4¼ STD., 17 KM**
SEHENSWÜRDIGKEIT **AUSSICHTSTURM**	**HÖHENUNTERSCHIED** AUF 420 M, AB 440 M

5.2% ALKOHOL-GEHALT	HELL UNFILTRIERT UNTERGÄRIG

 GOLDGELB

 FRISCH

 FRISCH-HERB

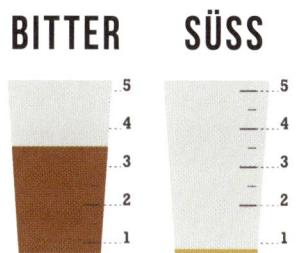

WEGBESCHREIBUNG

Maur (460 m) → Loorenchopf (694 m) → Chlösterli → Schwamendingen (435 m)

Die Bushaltestelle Maur Dorf erreicht man mit dem Bus ab der Tramendstation Klusplatz in Zürich. Dieser Bus hält direkt vor dem Wanderwegweiser. Oder man nimmt den Bus ab Bahnhof Stettbach bis Maur Dorf und geht in Fahrt-richtung des Busses weiter bis zur Post und dann nach rechts zum Wanderwegweiser.

Man folgt dem Wanderweg nach Aesch durch das Bachtobel hinauf. Bei der Bushaltestelle "Im Brünneli" verlässt man den Wanderweg und geht die Langacherstrasse hinauf. In zwei grossen Bogen führt sie zur Wassbergstrasse, wo es wieder einen Wanderweg hat. Man folgt dem Weg Richtung Forch. Zuerst über eine Wiese und dann durch Wald kommt man zum Forchdenkmal. Hier nimmt man den Weg zum Süessblätz, von wo man weitergeht Richtung
Allmend Fluntern bis zum Loorenchopf.
Beim Loorenchopf hat es einen Picknickplatz mit Brunnen und Aussichtsturm. Ab hier geht man weiter zum Chlösterli/Zoo. Beim Zoo nimmt man den Wanderweg nach Schwamendingen. Man folgt dem Zaun um das Zoogelände und gelangt über eine Brücke in den Wald. Nachdem man den Wald durchquert hat, hat man Aussicht über Schwamendingen und bei guter Sicht auch zum Säntis. Man geht ein paar Meter nach links zur Wirtschaft Ziegelhütte, wo man in der Gartenwirtschaft oder in der gemütlichen Gaststube ein Bier Paul geniessen kann.

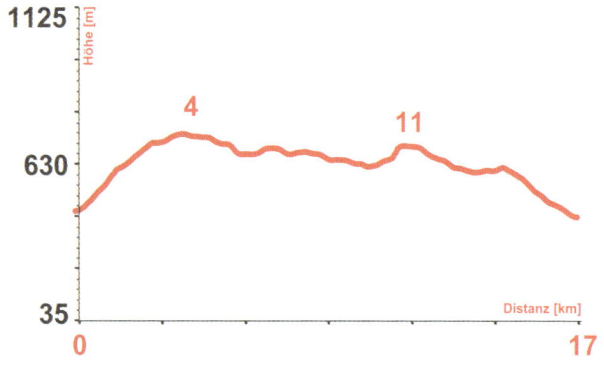

RÜCKFAHRT

Man geht auf dem Wanderweg noch 10 Minuten weiter zum Schwamendingerplatz hinunter (Bus nach Oerlikon, Tram zum Hauptbahnhof und zum Bahnhof Stettbach).

WIRTSCHAFT ZIEGELHÜTTE
Hüttenkopfstrasse 70
8051 Zürich
044 322 40 03
www.wirtschaft-ziegelhuette.ch

BRAUEREI ERUSBACHER & PAUL
Büttikerstrasse 3
5612 Villmergen
056 621 11 00
www.bierpaul.ch

SEHENSWÜRDIGKEITEN
- Aussichtsturm
- Zoo Zürich
  www.zoo.ch

LÖTSCHBERG SÜDRAMPE

BAHNGESCHICHTE IM SONNENHANG

VS

AUSGANGSORT # HOHTENN	**ZIEL** # AUSSERBERG
BIER # SUONEN BRÄU	**ANFORDERUNGEN** # BERGTOUR
KARTE # BLATT 274 (VISP)	**WANDERZEIT** # 4 STD., 9 KM
SEHENSWÜRDIGKEIT # HÄNGEBRÜCKE ÜBER DEN JOLIBACH	**HÖHENUNTERSCHIED** AUF 350 M, AB 470 M

DUNKEL
UNFILTRIERT
NATURTRÜB

 BERNSTEIN

 FRUCHTIG

 MALZIG

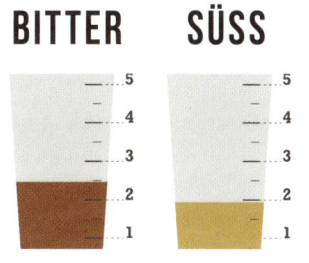

WEGBESCHREIBUNG

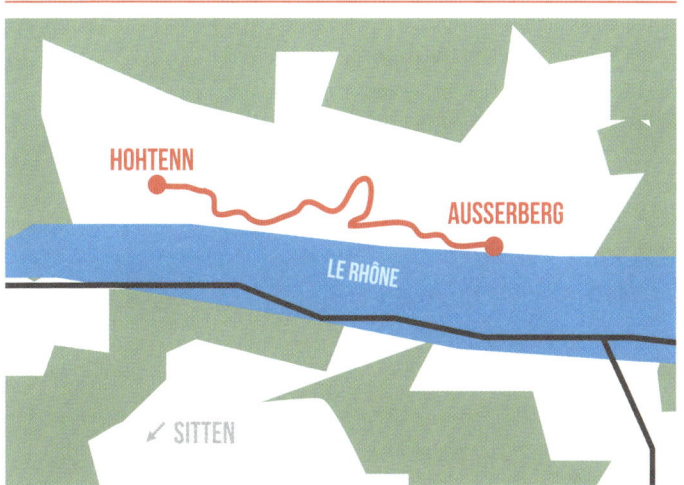

Hohtenn (1078 m) → Lidu → Jolischlucht
→ Bietschtalbrücke → Ausserberg (932 m)

Hohtenn (Halt auf Verlangen) liegt an der alten Lötschberglinie Bern–Brig.

Die Lötschberg-Südrampe ist Teil des Walliser Sonnenweges und dieser verdient seinen Namen wirklich.

Auch im Frühling und im Spätherbst kann man unterwegs ins Schwitzen kommen. Dafür trifft man Pflanzen und Tiere, die sonst in der Schweiz selten sind. Der Weg ist ab Frühling bis Ende Oktober (je nach Witterung) begehbar. Im Winter ist der Wanderweg gesperrt. Informationen beim BLS-Reisezentrum Kandersteg, Tel.: 058 327 41 14.

Vom Bahnhof Hohtenn folgt man dem Höhenweg Südrampe BLS. Oberhalb des Weilers Lidu zweigt man nach rechts ab auf den Weg zur Hängebrücke. Zuerst geht es den Hang hinunter. Dann folgt ein flaches Wegstück einer Suone entlang. Zum Teil braucht man hier etwas Trittsicherheit. So erreicht man die Jolischlucht, die man auf der Hängebrücke überquert.

Am Chrüterbeizli Rarnerchumma vorbei geht man auf dem Trassee der ehemaligen Werkbahn ins Bietschtal. Hier sollte man nicht stehen bleiben, weil Steinschlag möglich ist. Für die kurzen Tunnel braucht man keine Taschenlampe. Bald erreicht man die elegante Bietschtalbrücke. Auf einem Gittersteg direkt neben den Gleisen überquert man das Tal hoch über dem Bietschbach.

Bald ist man wieder über dem Rhonetal und sieht unten die Gleise der neuen Lötschberglinie im Berg verschwinden. Weiter geht es auf und ab im abwechslungsreichen Hang nach Ausserberg.

Etwa 400 Meter nach der Abzweigung zum Bahnhof erreicht man die Dorfstrasse und kurz darauf das Brauhaus Suonen Bräu. Besuch auf Anfrage.

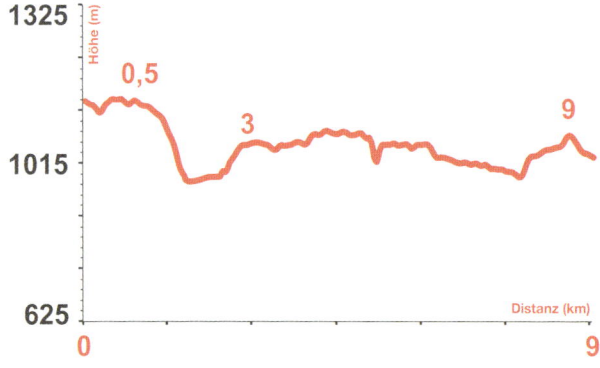

RÜCKFAHRT

Direkte Züge nach Brig und Bern.

CHRÜTERBEIZLI RARNERCHUMMA
076 464 56 90
www.rarnerchumma.ch

SUONEN BRÄU
Dorfstrasse
3938 Ausserberg
079 408 19 68
www.suonen-brauerei.ch

SEHENSWÜRDIGKEITEN
- Suone
- Hängebrücke über den Jolibach
- Bietschtalbrücke

MEILEN

PANORAMAWEG AM PFANNENSTIL

ZH

AUSGANGSORT	**ZIEL**
ZÜRICH REHALP	MEILEN
BIER	**ANFORDERUNGEN**
USTERBRÄU	WANDERUNG
KARTE	
BLATT 225	
(ZÜRICH)	**WANDERZEIT**
BLATT 226	
(RAPPERSWIL)	3¼ STD., 13 KM
ODER BROSCHÜRE VOM PANORAMAWEG (WWW.ZPP.CH)	
SEHENSWÜRDIGKEIT	**HÖHENUNTERSCHIED**
RUMENSEE	AUF 200 M, AB 300 M

HELL
UNFILTRIERT
NATURTRÜB

 GOLDGELB

 FRISCH

 FRISCH-HERB

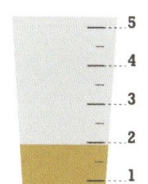

WEGBESCHREIBUNG

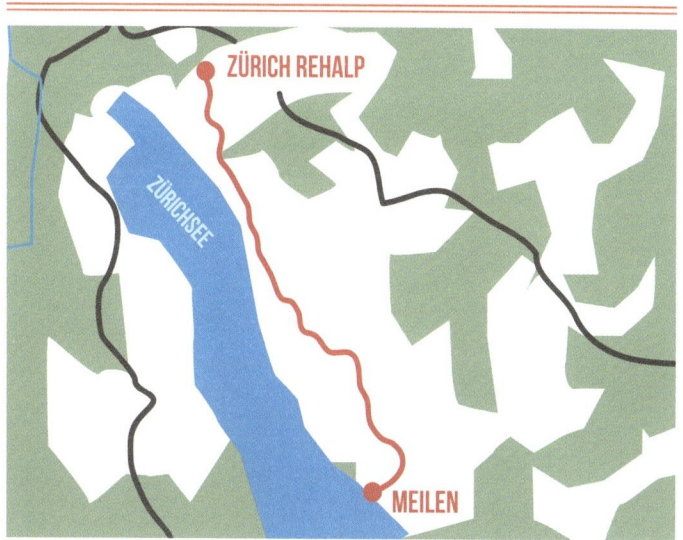

Zürich Rehalp (524 m) → Rumensee → Schübelweiher
→ Küsnachter Tobel → Luft → Meilen Fährhafen (406 m)

Die Rehalp erreicht man mit dem Tram Nummer 11 ab Zürich Hauptbahnhof.

Diese Wanderung ist mit einem speziellen Signet markiert. Der Weg ist überall problemlos zu finden.

Zur Orientierung genügt die Broschüre über den Panoramaweg, die man bei der Zürcher Planungsgruppe Pfannenstil herunterladen kann.
Schon bald nach der Rehalp hat man eine schöne Aussicht über den Zürichsee und in die Alpen. Nur ab und zu, wenn man durch einen Wald oder hinter ein paar Villen durchgeht, muss man kurz auf die Aussicht verzichten.
Kurz nach dem Rumensee und dem Schübelweiher quert man das Küsnachter Tobel. Das ist die einzige steile Stelle auf dem Weg. Im Sommer ist es hier schön kühl, im Winter kann es Glatteis haben.
Bei Luft oberhalb von Meilen (Signatur für Restaurant in der Broschüre, dieses Restaurant ist aber definitiv geschlossen) verlässt man den Panoramaweg und nimmt die Abzweigung zum Bahnhof Meilen hinunter. Man unterquert den Bahnhof durch die Unterführung und folgt dem Wanderweg zu Schiff und Fähre. Im Kiosk beim Fährhafen bekommt man das Usterbräu der Brauerei Uster.

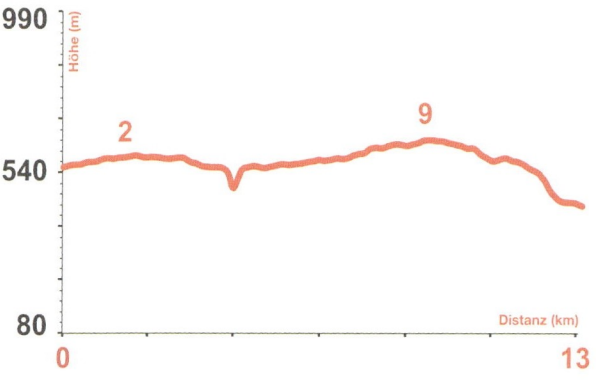

FÄHRENKIOSK MEILEN
Seestrasse 570
8706 Meilen/ZH
044 923 13 20

BRAUEREI USTER
Brauereistrasse 16
8610 Uster
044 201 06 09
www.braukultur.ch

SEHENSWÜRDIGKEITEN
- Rumensee
- Schübelweiher
- Küsnachter Tobel

MENDRISIOTTO
DAS SÜDLICHSTE BIER DER SCHWEIZ

TI

AUSGANGSORT
CHIASSO

BIER
SAN MARTINO

KARTE
BLATT 296
(CHIASSO)
BLATT 286
(MALCANTONE)

SEHENSWÜRDIGKEIT
ALTE TESSINERHÄUSER IN NOVAZZANO

ZIEL
STABIO

ANFORDERUNGEN
WANDERUNG

WANDERZEIT
4¾ STD., 17 KM

HÖHENUNTERSCHIED
AUF 410 M, AB 290 M

UNFILTRIERT
NATURTRÜB
UNTERGÄRIG

 ORANGE

 ZITRONE, HONIG, BUTTER

 MALZIG

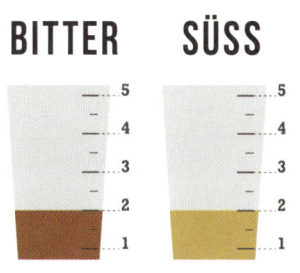

WEGBESCHREIBUNG

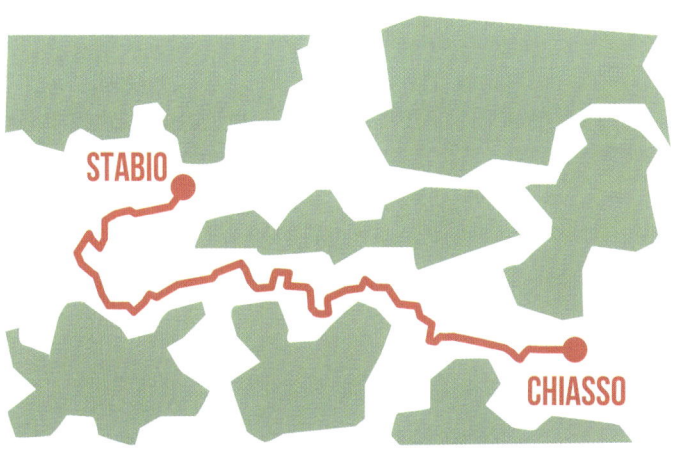

Chiasso (238 m) → Bresciano → Novazzano → Monte Morello (495 m) → Brusata → Santa Margherita → Monticello → Monte Astorio → Montalbano → Stabio (348 m)

Vom Bahnhof Chiasso folgt man dem Wanderweg nach Novazzano durch eine Unterführung der Bahnlinie. Nach einer zweiten Unterführung geht man nach rechts. Der Weg verläuft neben den Bahngleisen und führt dann nach links in den Wald. Nach einem kurzen Aufstieg geht es auf und ab durch den schönen Mischwald. Bei einer Abzweigung fehlt ein Wegweiser nach Novazzano. Ab hier nimmt man den Weg nach Bresciano, von wo Novazzano wieder angegeben ist.

Kurz darauf gibt es dann sogar zwei Wege nach Novazzano. Hier geht man nach links auf dem kürzeren Weg (25 Minuten) weiter. Durch einen Hohlweg zwischen Wald, Wiesen und Rebbergen erreicht Novazzano, wo ein Wegweiser fehlt. Man geht nach links zur Postautohaltestelle Novazzano Paese und folgt dann dem Wanderweg nach Brusata. Durch eine schmale Gasse mit alten Tessinerhäusern und an einer grossen Kirche vorbei geht man nach Casate am Fuss des Monte Morello. Ein steiler Weg mit vielen Treppenstufen führt bergauf durch den Wald. Kurz vor dem Abstieg nach Brusata lohnt es sich noch ein paar Meter auf der Strasse weiterzugehen. Plötzlich sieht man durch eine Lücke in den bewaldeten Hügeln ein paar Walliser Viertausender.

In Brusata geht man weiter nach Prella und von dort nach Stabio Monticello. Der Weg schlängelt sich durch den Wald und an Reben vorbei. Ab und zu hat man einen kurzen Blick auf den Monte Rosa und andere Berge der Mischabelkette. Kurz nach Sta Margheria überquert man zweimal den Bach Gaggiolo. Dann erreicht man eine Bahnlinie am Rand eines Industriegebietes. Hier ist ein Wegweiser verdreht. Man geht nach rechts, dann durch eine Unterführung und durchquert das Industriegebiet. Von Stabio Monticello folgt man dem Wanderweg Richtung Stabio Montalbano. Über den bewaldeten Monte Astoria gelangt man zum Weingut Tenuta Montalbano. Bei einer Strassenkreuzung verlässt man den Wanderweg und geht auf der Via Montalbano bergab bis zur Postautohaltestelle Stabio Municipio. Hier geht man nach links und erreicht nach ca. 500 Metern die Bar Indios.

In der Bar Indios gibt es eine grosse Auswahl an Bier, darunter ein wechselndes Angebot von Bier aus dem Kanton Tessin.

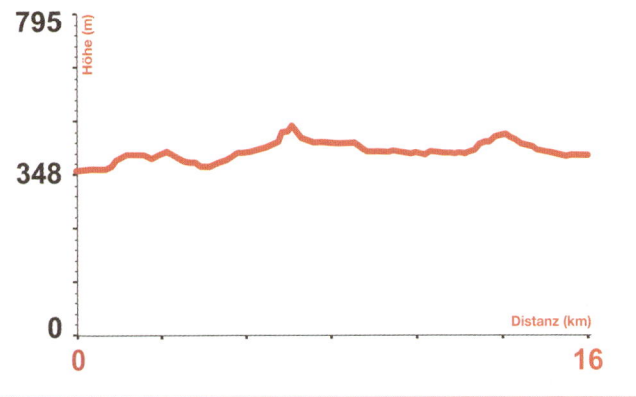

RÜCKFAHRT

Man geht zurück zur Postautohaltestelle Stabio Municipio mit Verbindungen zu den Bahnhöfen Stabio und Mendrisio.

BAR INDIOS
Via Ligornetto 15
6855 Stabio
091 647 48 95

BIRRIFICIO TICINESE SAN MARTINO
Via Industria 33
6934 Bioggio
091 647 00 79
www.birrasanmartino.ch

SEHENSWÜRDIGKEIT
- Alte Tessinerhäuser in Novazzano

MICHAELS-KREUZ

EIN AUSSICHTSREICHER HÜGELZUG BEI LUZERN

AUSGANGSORT	**ZIEL**
GISIKON-ROOT	LUZERN
BIER	**ANFORDERUNGEN**
RATHAUS BIER	WANDERUNG
KARTE	
BLATT 235	**WANDERZEIT**
(ROTKREUZ)	4¾ STD., 17 KM
SEHENSWÜRDIGKEIT	**HÖHENUNTERSCHIED**
KAPELLBRÜCKE	AUF 600 M, AB 590 M

 UNGEFILTERT NATURTRÜB

 GOLDGELB

 LEICHT FRUCHTIG

 SPRITZIG

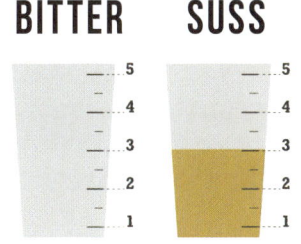

WEGBESCHREIBUNG

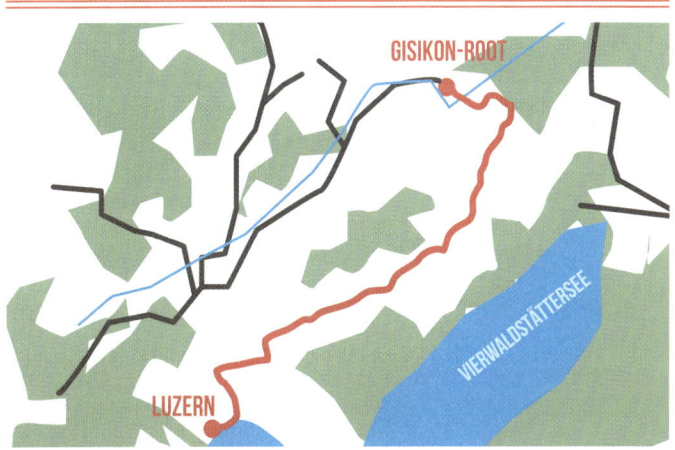

Gisikon-Root (421 m) → Michaelskreuz (795 m) → Udligenswil → Adligenswil → Dietschiberg → Luzern (436 m)

Gisikon-Root liegt an der Bahnlinie Rotkreuz –Luzern.

Vom Bahnhof folgt man dem Wanderweg zum Michaelskreuz. Die erste Abzweigung kurz nach dem Bahnhof ist mit einem weissen Autowegweiser markiert. Bald erreicht man die letzten Häuser und geht steil durch

Wiesen hinauf. Beim Pt. 624 mündet der Wanderweg in eine Strasse und folgt dieser nach links bis zur nächsten Häusergruppe. Dort zweigt ein Fussweg nach rechts ab. Die Markierung ist etwas unscheinbar an einer Hausecke angebracht. Weiter geht es durch eine Wiese hinauf, in der ein Brunnentrog ebenerdig eingegraben ist. Man sieht ihn erst, wenn man schon fast ins Wasser gefallen ist. Durch einen Wald und an einem Bauernhof vorbei erreicht man das Michaelskreuz.

Bei guter Sicht lohnt es sich, einen kurzen Abstecher auf den höchsten Punkt zu machen. Man hat von dort eine wunderbare Aussicht.

Vom Michaelskreuz folgt man dem Alpenpanoramaweg nach Luzern. Er ist mit der Nummer 3 in einem grünen Feld auf dem gelben Wegweiser markiert. Er führt über den Hügelzug durch Udligenswil* und Adligenswil, dann über den Dietschiberg zum See hinunter. Dort geht man nach rechts und spaziert auf der Luzerner Uferpromenade bis zur Seebrücke. Man überquert die Strasse und folgt der Reuss flussabwärts an der Kapellbrücke (die berühmte Holzbrücke mit dem Turm) vorbei bis zum Restaurant Rathaus, wo das Rathausbier gebraut und ausgeschenkt wird.

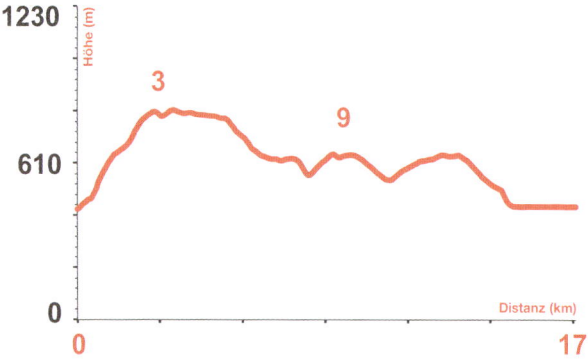

RÜCKFAHRT

Vom Rathaus geht man noch ein paar Meter flussabwärts, überquert die Reuss über den Rathaus-Steg und geht dann nach links zum Bahnhof. Man braucht dazu 10–15 Minuten.

RATHAUS BRAUEREI
Unter der Egg 2
6004 Luzern
041 410 61 11
www.rathausbrauerei.ch

SEHENSWÜRDIGKEITEN
- Kapellbrücke
- Altstadt von Luzern

NIESEN

HOCH ÜBER DEM THUNERSEE

BE

AUSGANGSORT **WIMMIS**	**ZIEL** **NIESEN**
BIER **RUGENBRÄU**	**ANFORDERUNGEN** **BERGTOUR**
KARTE **BLATT 253** **(GANTRISCH)**	**WANDERZEIT** **5½ STD., 9 KM**
SEHENSWÜRDIGKEIT **NIESENBAHN**	**HÖHENUNTERSCHIED** **AUF 1730 M, AB 15 M**

4.8% ALKOHOLGEHALT

HELL
FILTRIERT
UNTERGÄRIG

 HELLGOLD

 STROHIG

 LEICHT, FRUCHTIG

WEGBESCHREIBUNG

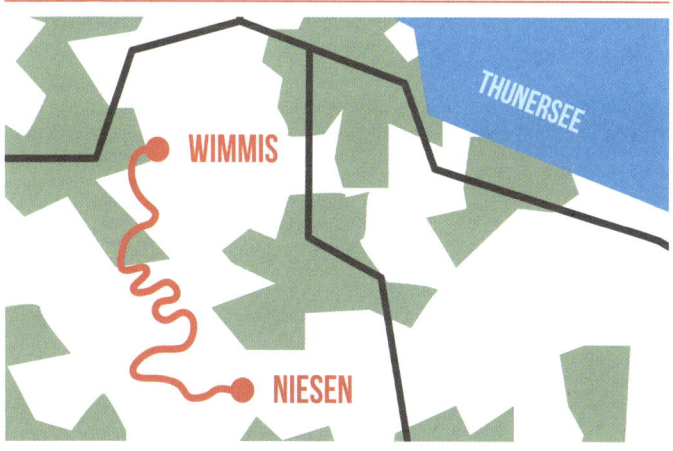

Wimmis (629 m) → Niesen (2362 m)

Wimmis liegt an der Bahnlinie Spiez–Zweisimmen. Es gibt auch direkte Züge ab Bern (Achtung, in die richtige Komposition einsteigen).

Der Weg von Wimmis auf den Niesen ist so gut markiert, dass es hier gar keine weitere Beschreibung braucht. Er hat eine angenehme, gleichmässige Steigung, sodass man die gut 1700 Höhenmeter leichter bewältigt als manche kürzere Bergtour.

Ausserdem hat man auch im Sommer recht lang Schatten, wenn man früh genug startet.
Auf der Alp Ahorni (1565 m) hat es einen Picknickplatz, wo man schon mal die Aussicht nach Norden geniessen kann. Vielleicht wird man dort von ein paar Lamas beäugt, die hier den Alpsommer verbringen.
Weiter geht es durch die Bergflanke und über den Grat. Wegen der Höhendifferenz ist die Blumenpracht am Wegrand sehr vielseitig. Die Rundumaussicht auf dem Gipfel reicht von den Viertausendern des Berner Oberlandes über die Berner Voralpen bis zum Jura. Und man sieht nach Interlaken hinunter, wo das Rugenbräu gebraut wird, das man im Gipfelrestaurant trinken kann.

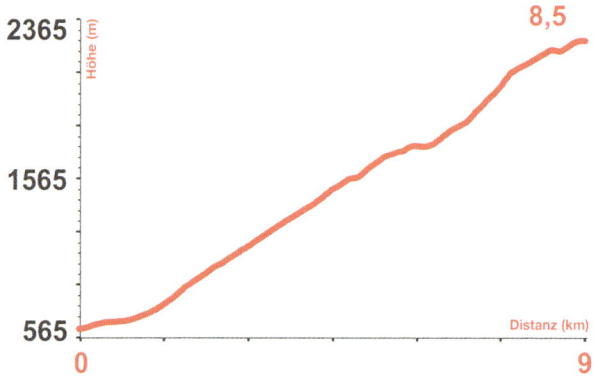

RÜCKFAHRT

Man fährt mit der über 100-jährigen Standseilbahn nach Mülenen. Von dort hat man Zugsverbindungen nach Spiez, Bern, Brig und Frutigen. Bei grossem Andrang fährt die Niesenbahn alle 15 Minuten. Es muss jedoch mit Wartezeiten gerechnet werden wegen beschränkter Platzzahl. Die letzte Talfahrt ist um 17:45 (Sommerfahrplan 2014). An einigen Abenden gibt es zusätzliche Fahrten.

NIESEN
Gipfelrestaurant und Bahn
033 676 77 11
www.niesen.ch

RUGENBRÄU
Wagnerenstrasse 40
3800 Matten
033 826 46 46
www.rugenbraeu.ch

SEHENSWÜRDIGKEIT
- Niesenbahn, über 100-jährige Zahnradbahn

PFAFFHAUSEN

VOM LINTHGLETSCHER GEFORMTE LANDSCHAFT

ZH

AUSGANGSORT **NÄNIKON-GREIFENSEE**	**ZIEL** **GOCKHAUSEN**
BIER **CHOPFAB**	**ANFORDERUNGEN** **WANDERUNG**
KARTE **BLATT 226** (RAPPERSWIL) **BLATT 225** (ZÜRICH)	**WANDERZEIT** **5 ¼ STD., 21 KM**
SEHENSWÜRDIGKEIT **NATURSTATION SILBERWEIDE**	**HÖHENUNTERSCHIED** **AUF 370 M, AB 250 M**

5.0% ALKOHOL-GEHALT

KRISTALLKLAR
OBERGÄRIG
HELL

 GOLDGELB

 HOPFIG

 VOLLMUNDIG

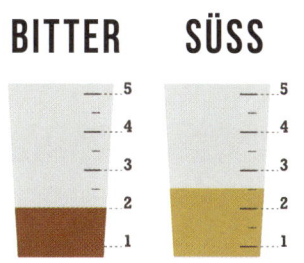

WEGBESCHREIBUNG

Nänikon-Greifensee (449m) → Niederuster → Riedikon → Maur → Ebmatingen → Pfaffhausen (614m) → Geeren → Gockhausen (563m)

Nänikon-Greifensee erreicht man mit der Zürcher S-Bahn.

Vom Bahnhof folgt man dem Wanderweg nach Greifensee. Nach ca. 15 Minuten, kurz vor dem Schloss zweigt man nach links ab und geht auf dem Seeuferweg nach

Niederuster Bad. Von dort geht man weiter auf dem Seeuferweg Richtung Maur. Alte Bäume und Schilf stehen am Ufer und immer wieder hat man eine schöne Aussicht in die Alpen. Am südlichen Ende des Sees ist die Naturstation Silberweide, von wo man die Vögel besonders gut beobachten kann.

In Maur überquert man die Strasse, die zur Schifflände hinunterführt, und geht noch ca. 150 Meter geradeaus bis zum nächsten Wegweiser. Hier geht man immer noch weiter geradeaus Richtung Ebmatingen. Bald führt der Weg schräg den Hang hinauf und am Rand von Ebmatingen vorbei nach Pfaffhausen.

Von Pfaffhausen folgt man dem Weg nach Geeren. Man durchquert einen Wald und eine grosse Wiese und erreicht das Restaurant Geeren. Hier wird die Biervielfalt gepflegt. Es gibt Chopfab und Usterbräu aus jungen, regionalen Brauereien. Ausserdem gibt es Müller-Bräu, Sonnenbräu und Appenzeller Bier aus traditionellen Brauereien, die immer noch selbständig sind.

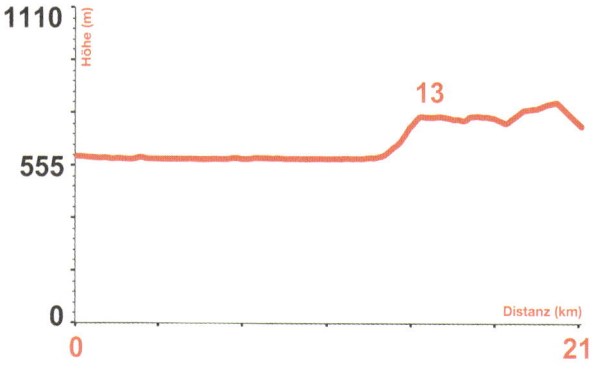

RÜCKFAHRT

Von Geeren folgt man dem Wanderweg Richtung Zürich Zoo. Man geht etwa 20 Minuten durch den Wald bis zu einer Abzweigung, wo es rechts hinunter zur Bushaltestelle Gockhausen Dorf geht. Man braucht dafür etwa eine halbe Stunde. Gockhausen liegt an der Buslinie Zürich Fluntern–Stettbach.
Man erreicht diese Haltestelle auch, indem man von Geeren geradeaus durch die Obere Geerenstrasse geht. Das ist weniger schön, dafür eine Viertelstunde kürzer.

Abkürzungen
Wenn man die Wanderung in Riedikon beginnt, ist sie 1 ½ Std kürzer (Buslinie Uster–Oetwil am See).
Wenn man die Wanderung in Maur Dorf beginnt, ist sie 3 Std kürzer (Busverbindungen ab Bahnhof Stettbach und Zürich Klusplatz).

RESTAURANT GEEREN
Obere Geerenstrasse 72
8044 Gockhausen
044 821 40 11
www.geeren.ch

BRAUEREI CHOPFAB
Industriestrasse 40
8404 Winterthur
052 233 08 70
www.doppelleu.ch

SEHENSWÜRDIGKEITEN
- Greifensee
- Naturstation Silberweide

PRAGELPASS

VOM MUOTATHAL INS KLÖNTAL VORBEI
AN URALTEN FICHTEN UND TIEFEN DOLINEN

SZ

AUSGANGSORT
MUOTATHAL
HÖLLOCH

BIER
ADLERBRÄU

KARTE
BLATT 246
(KLAUSENPASS)

BLATT 236
(LACHEN)

SEHENSWÜRDIGKEITEN
BÖDMERENWALD,
URWALD

ZIEL
VORDER
RICHISAU

ANFORDERUNGEN
BERGTOUR

WANDERZEIT
5¾ STD., 17 KM

HÖHENUNTERSCHIED
AUF 1120 M, AB 650 M

 STROHGELB

 FRISCH

 VOLLMUNDIG

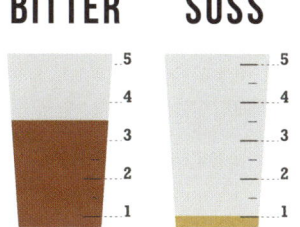

WEGBESCHREIBUNG

Muotathal Hölloch (664m) → Fedli → Mittlist Weid → Bödmerenwald → Zingel (1736m) → Chalberloch → Pragel → Richisau (1102m)

Die ganze Strecke ist sehr gut mit rot-weissen Markierungen versehen. Die Wegweiser sind jedoch sehr spärlich beschriftet.

Von der Haltestelle Hölloch folgt man dem Weg Richtung Gross Band. Etwa ¾ Std. verläuft er auf einer Strasse. Dann zweigt man nach rechts ab und geht zur Alp Fedli. Kurz nach dem Haus zweigt man nach links ab, Richtung Pragel. Durch lockeren Wald und über Alpweiden geht man an Mittlist Weid vorbei zum Mittenwald. Von dort nimmt man den Weg Richtung Bödmeren. Man durchquert den Bödmerenwald mit seinen uralten Fichten und tiefen Dolinen. Mitten im Wald hat es eine Abzweigung. Geradeaus zeigt ein handgemachter Wegweiser zum Roggenloch. Nach rechts hat es rot-weisse Markierungen ohne Wegweiser. Die beiden Wege treffen nach dem Roggenstöckli wieder zusammen. Ich habe den Weg rechts genommen. Er führt leicht bergauf durch den Wald und dann über Karren. Nachdem man am Roggenstöckli vorbeigegangen ist, kommt man an eine Stelle, wo vier Wanderwege zusammentreffen. Hier folgt man dem rot-weissen Wegweiser, auf dem einfach Bergweg steht. Nach ca. 10 Minuten erreicht man eine Hütte, wo ein handgeschriebener Wegweiser zum Pragel zeigt. An schönen Karren vorbei geht es über eine Hochebene und dann zum Pragelpass hinunter.

Auf der Passhöhe überquert man die Strasse und folgt den rot-weissen Markierungen zur Alpwirtschaft Pragelpasshöhe. Hier kann man nicht nur einkehren, sondern auch Käse kaufen und übernachten. Von der Alpwirtschaft folgt man dem Weg nach Vorder Richisau. Bis auf die letzten 800 Meter verläuft er abseits der Strasse. So kann man die einmalige Aussicht über das Klöntal geniessen. Ein paar Mal überquert man die Strasse. Bitte nicht ohne zu schauen auf die Strasse treten. Sie ist eine beliebte Velostrecke. Im Gasthaus Richisau kann man in der gemütlichen Wirtschaft oder im Garten unter alten Ahornbäumen ein Adlerbräu geniessen.

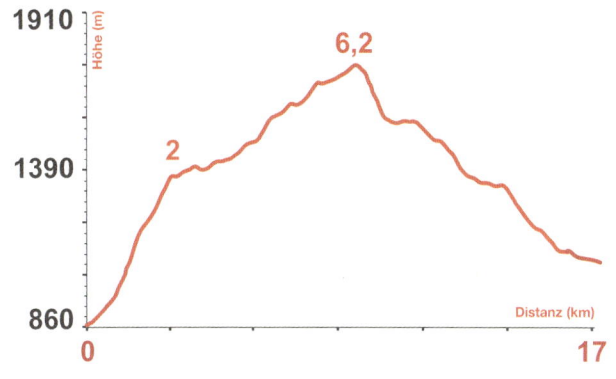

RÜCKFAHRT

Zum Abschluss der Wanderung hat man eine wunderschöne Postautofahrt am Klöntalersee vorbei zum Bahnhof Glarus.

ALPWIRTSCHAFT PRAGELPASSHÖHE
041 830 12 25

GASTHAUS RICHISAU
055 640 10 85
www.gasthaus-richisau.ch

ADLERBRÄU
Hauptstrasse 34
8762 Schwanden
055 647 35 35
www.brauereiadler.ch

SEHENSWÜRDIGKEITEN
- Bödmerenwald, Urwald
- Klöntalersee

RAPPERSWIL

AUF UMWEGEN DURCH EINE HÜGELIGE LANDSCHAFT

AUSGANGSORT **RÜTI**	**ZIEL** **RAPPERSWIL**
BIER WANDERLUST SWISS PALE ALE	**ANFORDERUNGEN** **WANDERUNG**
KARTE **BLATT 226** **(RAPPERSWIL)**	**WANDERZEIT** **5¼ STD., 21 KM**
SEHENSWÜRDIGKEIT **ALTSTADT VON RAPPERSWILT**	**HÖHENUNTERSCHIED** **AUF 360 M, AB 420 M**

 PALE ALE

 BERNSTEINFARBIG

 FRUCHTIGE HOPFENNOTE

 SÜSS UND BITTER

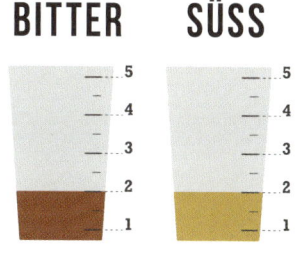

WEGBESCHREIBUNG

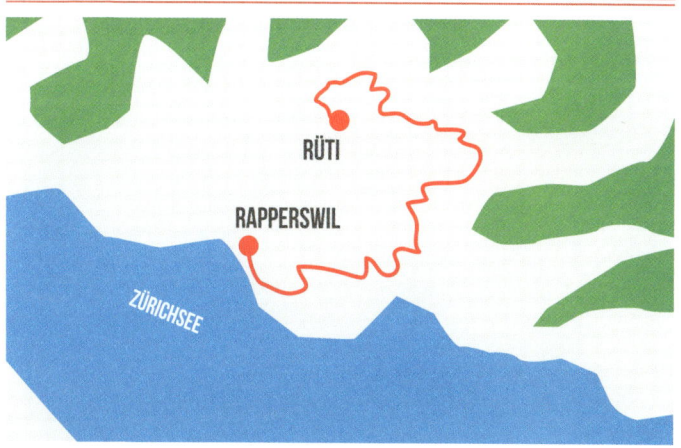

Rüti (482 m) → Tannertobel → Fägswil → Grossweiher → Honegg → Chraueren → Lütschbach → Eggwald → Chälenstich → Wagen → Ankenloch → Wurmsbach → Rapperswil (409 m)

Rüti erreicht man mit der Zürcher S-Bahn.

Die Strecke ist nicht überall gut markiert. Vor allem die Wegweiser sind zum Teil mangelhaft. Der Wanderweg vom Waldrand oberhalb Fägswil bis zur Strasse nach dem Grossweiher ist auf der Wanderkarte (Ausgabe 2005) nicht rot eingezeichnet.

Der Bahnhof Rüti hat zwei Unterführungen, in denen unterschiedliche Wanderwege beginnen. Man nimmt die Unterführung, die näher beim Kiosk ist, und folgt dem Wanderweg nach Fägswil. Zuerst führt er durch Industriegelände und dann am Recyclingcenter vorbei, was nicht speziell schön ist, aber ganz interessant. Nach einer Viertelstunde ist man plötzlich im wilden Tannertobel in einer ganz anderen Welt. Man folgt der Jona flussaufwärts, die sich hier tief in die Nagelfluh eingegraben hat. Dann geht es über einen kurzen, steilen Aufstieg auf eine Ebene und weiter nach Fägswil.

In Unterfägswil geht man Richtung Oberfägswil, bis man kurz nach einem Schulhaus nach rechts abzweigt Richtung Grossweiher. Beim nächsten Bauernhaus (Alpkäseverkauf) geht man geradeaus. Kurz darauf zweigt man nach rechts ab, Richtung Weiher.

Der Weg führt nach einer Linkskurve an einem kleinen Naturschutzgebiet vorbei zum Waldrand. Beim Wegweiser kurz vor dem Waldrand verlässt man den Wanderweg und geht nach links an einem Bänkli vorbei in den Wald. Man folgt dem Pfad, bis er in eine asphaltierte Strasse mündet. (Hier merkt man, dass man trotzdem auf einem Wanderweg war. Denn in die Richtung, aus der man kommt, zeigt ein Wanderwegweiser nach Neu York.) Man folgt der Asphaltstrasse nach rechts. Beim nächsten Wanderwegweiser zweigt man nach links ab und geht zum Grossweiher, der kein Weiher ist, sondern ein wunderschönes Ried mit ein paar kleinen Tümpeln. Man geht rechts um das Ried herum, zuerst Richtung Niggital und bei der nächsten Abzweigung Richtung Widenriet bis zur nächsten Asphaltstrasse. Dort geht man nach rechts Richtung Eschenbach. Bald verlässt man die Strasse und geht via Honegg nach Chraueren (immer noch Richtung Eschenbach). Bevor man den Lattenbach überquert, kann man einen kurzen Abstecher nach links zu einem schönen Wasserfall machen.

Nach der Brücke über den Lattenbach ist der Weg nicht gut sichtbar. Er führt zur hölzernen Scheune am oberen Rand der Wiese hinauf. Von dort geht es weiter nach Lütschbach (immer noch Richtung Eschenbach). Im Dorf zweigt man nach rechts ab, durchquert dann ein kleines Tal und geht zum Eggwald hinauf. Auf seinem Grat verlässt man den Wanderweg, der nach Eschenbach führt, und folgt dem Wanderweg zum Chälenstich. Dort überquert man die Strasse und geht weiter nach Wagen. Bei klarem Wetter hat man eine schöne Aussicht ins Wägital und die umliegenden Berge.

Von Wagen folgt man dem Weg nach Wurmsbach. Im Wald beim Ankenloch fehlt ein Wegweiser. Dort geht man nach rechts. In Wurmsbach überquert man die Bahnlinie und geht auf dem Strandweg zum Bahnhof Rapperswil.

Im Bahnhof Rapperswil geht man durch die Unterführung (dort hängt ein Stadtplan) und dann rechts zwischen Avec und Post in die Güterstrasse. Man folgt ihr bis zur Neuen Jonastrasse. Dieser folgt man nach rechts. Bei der Eichfeldstrasse biegt man nach rechts und folgt der Strasse bis zum Ende. Es geht weiter auf die Eichwiesstrasse wo sich die Bier Factory befindet. Öffnungszeiten auf der Website der Brauerei beachten.

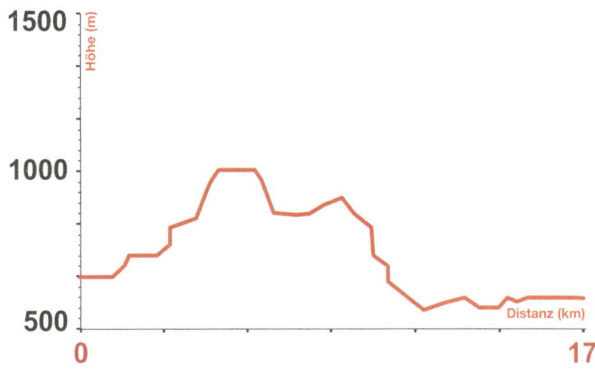

BIER FACTORY RAPPERSWIL
Eichwiesstrasse 6,
8645 Rapperswil-Jona
076 201 72 00
www.bierfactory.ch

SEHENSWÜRDIGKEITEN
- Tannertobel
- Altstadt von Rapperswil

RHÔNE

IM NATURSCHUTZGEBIET RADE ET RHÔNE GENEVOIS

GE

AUSGANGSORT **AIRE-LA-VILLE** PONT DE PENEY	**ZIEL** **GENF,** PLACE DU MOLARD
BIER **LA MOLARDIÈRE**	**ANFORDERUNGEN** **WANDERUNG**
KARTE **BLATT 270** **(GENÈVE)**	**WANDERZEIT** **4 STD., 16 KM**
SEHENSWÜRDIGKEIT **JET D'EAU**	**HÖHENUNTERSCHIED** AUF 200 M, AB 190 M

HELL NATURTRÜB, OBERGÄRIG

5% ALKOHOLGEHALT

HELLGOLD

DUFTIG, ZITRONEN

MALZIG

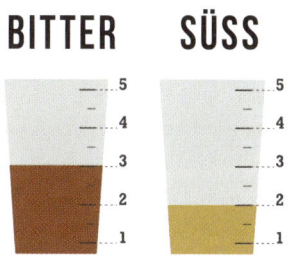

BITTER   SÜSS

WEGBESCHREIBUNG

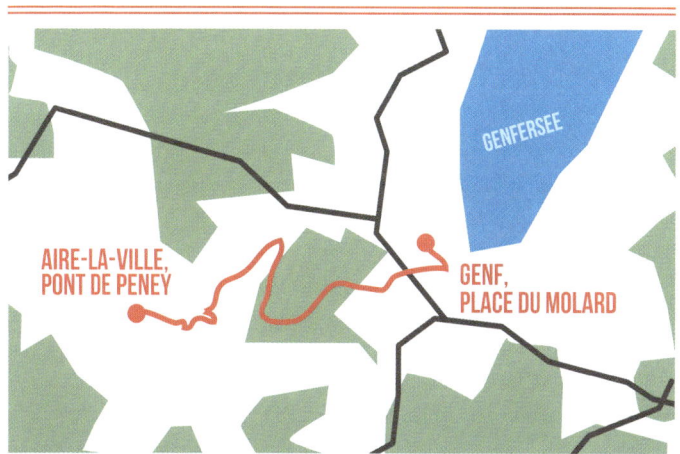

Aire-la-Ville, Pont de Peney (375 m) → Le Lignon → La Jonction → Genf, Place du Molard (391 m)

Die Haltestelle Pont de Peney liegt an der Buslinie Satigny–Bernex.

Von Pont de Peney folgt man dem Wanderweg nach La Jonction. Je nachdem aus welcher Richtung man nach Pont de Peney fährt, steigt man auf der einen oder anderen Seite eines Kreisels aus. Der Wegweiser steht an der Strasse Richtung Südwesten.

Vom Kreisel geht man ca. 500 Meter neben der Strasse Richtung Südosten parallel zur Rhone. Dann macht die Strasse eine Kurve nach rechts und der Wanderweg führt weiter flussaufwärts.

Der Weg ist gut markiert und verläuft meistens in einem schönen Laubwald über dem Steilufer der Rhone. Weit und breit ist kein Haus zu sehen. Nur die Geräusche erinnern an die Nähe der Stadt. Das Gebiet ist wichtig für einheimische Wasservögel und durchreisende Zugvögel.

Unterhalb von St-Georges fliesst die Arve in die Rhone. Hier geht es schräg den Hang hinunter zu einer Brücke. Man überquert die Arve und geht geradeaus weiter zur Tramhaltestelle La Jonction, wo der Wanderweg zu Ende ist. Man geht in der gleichen Richtung wie bisher weiter, bis man wieder das Ufer der Rhone erreicht. Dort geht man nach rechts und ist bald weg vom Verkehr auf einer Flanierstrecke unterwegs.

Man folgt der Rhone bis zur Bootsanlegestelle am Quai du Général-Guisan kurz vor dem Pont du Mont-Blanc. Hier steht ein Stadtplan. Man geht nach rechts am alten Tour du Molard vorbei auf die Place du Molard. Schräg über den Platz erreicht man die Brasserie du Molard. Mir gefällt besonders, dass man dort ein Plateau de Dégustation bekommt, mit verschiedenen Bieren der Brauerei.

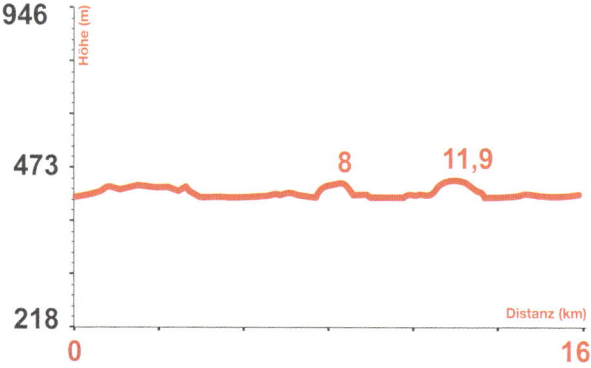

RÜCKFAHRT

Man geht zurück zum Quai du Général-Guisan und dann über den Pont du Mont-Blanc zum Bahnhof. Dafür braucht man ca. eine Viertelstunde. Die Steine im Hafen neben dem Jet d'eau heissen Pierres du Niton und sind der Referenzpunkt der Höhenmessung in der Schweiz.

BRASSERIE DU MOLARD
Place du Molard 9
1204 Genf
022 311 11 00
www.brasseriedumolard.ch

SEHENSWÜRDIGKEITEN
- Tour du Molard
- Jet d'eau
- Pierres du Niton

ROGGENSTOCK

EIN HOCHMOOR, EINE SCHWEFELQUELLE
UND EINE SCHLUCHT MIT WEISSEN FELSEN

SZ

AUSGANGSORT **OBERIBERG**	**ZIEL** **OBERIBERG**
BIER **MAISGOLD**	**ANFORDERUNGEN** **BERGTOUR**
KARTE **BLATT 236** **(LACHEN)**	**WANDERZEIT** **4½ STD., 11 KM**
SEHENSWÜRDIGKEIT **MINSTERSCHLUCHT**	**HÖHENUNTERSCHIED** **AUF UND AB 720 M**

5.0% ALKOHOL-GEHALT   HELL UNTERGÄRIG

 HELLGOLD

 FRUCHTIG MIT APFELNOTE

 LEICHTER NUSS-TON

BITTER   SÜSS

WEGBESCHREIBUNG

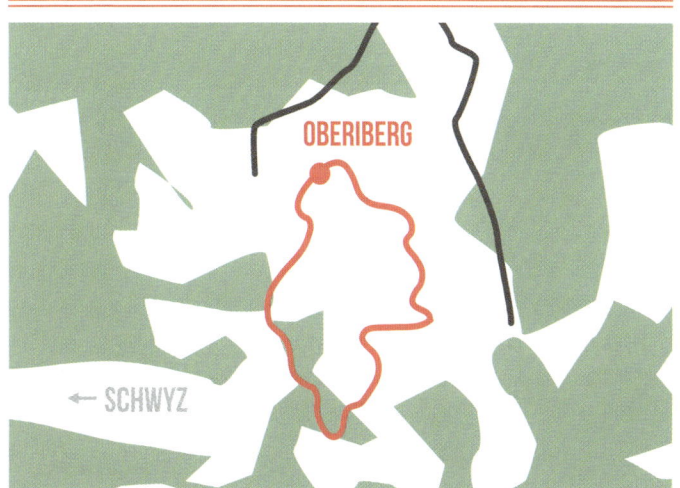

Oberiberg (1087 m) → Tubenmoos → Roggenegg → Roggenstock (1777 m) → Roggenhütte → Fuederegg → Tschalun → Oberiberg

Oberiberg erreicht man mit dem Postauto ab Einsiedeln.

Der Wegweiser steht nicht direkt bei der Post, sondern ein paar Meter weiter an der Strassenkreuzung. Es geht noch ein kurzes Stück in der gleichen Richtung auf der Strasse

weiter. Dann zweigt rechts ein Fussweg zum Roggenstock ab. Bei Moos mündet er in eine Strasse und führt auf dieser weiter bergauf. Kurz vor einem Skilift teilt sich die Strasse. Hier geht man nicht rechts zum Roggenstock, sondern Richtung Adlerhorst. Kurz darauf, in einem Tobel, zweigt der Wanderweg rechts ab. Dem Bach entlang und über eine Wiese kommt man zur nächsten Strasse, auf der man das Tubenmoos erreicht. Ein schöner Weg führt durch das Hochmoor und hinauf zur Alpwirtschaft Roggenegg.
Der Weiterweg ist nicht markiert. Man geht auf dem Grat, der oberhalb der Alphütte beginnt, bis man im Gebüsch über der Weide einen orangen Pfosten sieht. Dort beginnt ein schöner, steiler Weg. Einmal geht er in die rechte Flanke, sonst folgt er immer dem Grat. Eine halbe Stunde nach der Roggenegg steht man auf dem Roggenstock.
Der Abstieg ist wieder rot-weiss markiert. Man geht auf dem Grat hinunter bis zu einem Sattel und dann in einem Bogen über die Alp Ober Roggen zur Roggenhütte hinunter. Auf einem breiten Weg erreicht man das Bergrestaurant Fuederegg. Auf der Strasse geht man am Hotel Skihaus/Schihus vorbei und folgt ihr, bis sie ein Tobel durchquert. Rechts geht ein unmarkierter Weg neben dem Tobel hinunter. Nach ein paar Metern zweigt rechts ein Weg zum Wasserfall mit der Schwefelquelle ab. Auf dem gleichen Weg geht man zur Fuederegg zurück. Für diesen Abstecher braucht man eine halbe Stunde (in der angegebenen Wanderzeit inbegriffen).
Von der Fuederegg folgt man der Strasse nach Oberiberg bis in den Wald. Kurz vor einer Brücke ist links ein kleiner Kiesparkplatz. Dort zweigt der Wanderweg nach Oberiberg ab. Beim Vorlaufen war dort eine gut sichtbare Wanderwegmarkierung an einem Baum. Dieser hatte jedoch noch ein anderes farbiges Zeichen und wird vielleicht gefällt. Wenn man den Einstieg gefunden hat, ist der Weg nicht mehr zu verfehlen. Er führt dem Hang entlang, überquert die Strasse von der Fuederegg nach Oberiberg und verlässt den Wald beim Guggeli. Auf der Strasse geht man zum Gütschli und von dort nicht direkt nach Oberiberg, sondern nach links noch ein Stückweit auf einer Strasse und dann auf einem Fussweg Richtung Tschalun.
Hier überquert man die Hauptstrasse und folgt dem Weg zur Minsterschlucht. Zuerst durch Quartiersträsschen und dann der Minster entlang kommt man zur engen Schlucht, die sich die Minster in die weissen Felsen gegraben hat. Leider ist der Weg in die Schlucht wegen Steinschlaggefahr gesperrt. Man kann das Schauspiel aber gut von oben geniessen.Von der Schlucht geht man die Wiese hinauf zur Hauptstrasse und folgt dieser bis zur Post, die man ca. 10 Minuten nach der Schlucht erreicht.
In Oberiberg gibt es mehrere Restaurants, die das Einsiedler Bier Maisgold ausschenken.

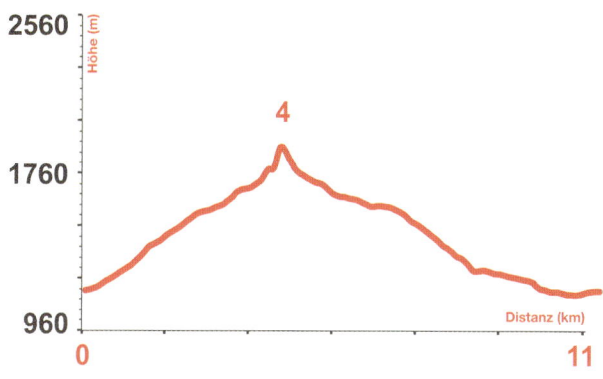

ALPWIRTSCHAFT ROGGENEGG
055 414 25 05

BERGRESTAURANT FUEDEREGG
055 414 16 83
www.fuederegg.ch

EINSIEDLER BIER
Brauerei Rosengarten AG
Spitalstrasse 14
8840 Einsiedeln
055 418 86 86
www.einsiedlerbier.ch

SEHENSWÜRDIGKEITEN
- Tubenmoos, Hochmoor
- Wasserfall mit Schwefelquelle
- Minsterschlucht

ROTSTEINPASS

VOM APPENZELLERLAND INS TOGGENBURG

AI

AUSGANGSORT	ZIEL
WASSERAUEN	**GAMPLÜT**
BIER	ANFORDERUNGEN
SCHÜTZENGARTEN-BIER	**BERGTOUR**
KARTE	
BLATT 227 (APPENZELL)	WANDERZEIT
	6½ STD., 15 KM
SEHENSWÜRDIGKEIT	HÖHENUNTERSCHIED
STEINWILD BEIM ROTSTEINPASS	**AUF 1430 M, AB 940 M**

5.2% ALKOHOL-GEHALT

HELL
UNFILTRIERT
NATURTRÜB

 HELLGELB

 BLUMIG

 VOLLMUNDIG

WEGBESCHREIBUNG

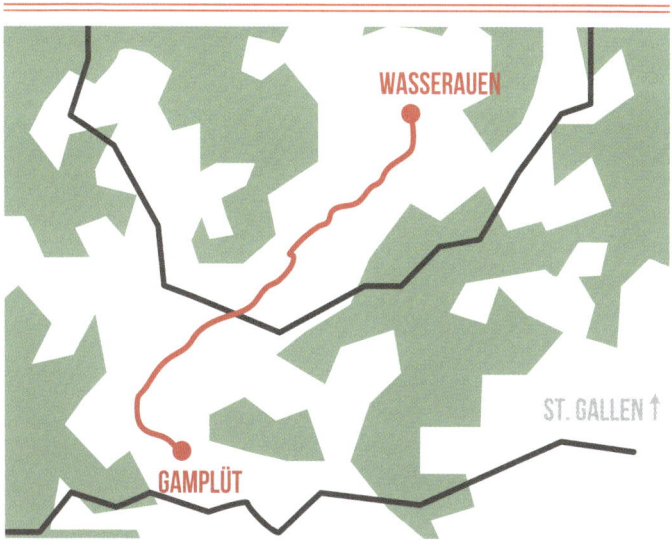

Wasserauen (872 m) → Schrennen → Meglisalp → Rotsteinpass (2120 m) → Langenbüel → Gamplüt (1357 m)

Wasserauen erreicht man mit der Appenzellerbahn ab Gossau. Die ganze Strecke ist sehr gut markiert, aber die Zeitangaben auf den Wegweisern sind widersprüchlich. Man folgt der Strasse ein paar Meter talaufwärts, dann zweigt der Weg nach Meglisalp (via Schrennen) – Rotsteinpass nach links ab. Man steigt durch Wald und Alpweiden auf und quert dann einen steilen Hang zwischen Felsbändern hoch über dem Seealpsee. Eine kleine Schutzhütte im Steilhang bietet im Notfall Unterschlupf. Nach einem kurzen Abstieg erreicht man das Berggasthaus Meglisalp (Zimmer und Massenlager). Über Oberchellen geht es weiter auf den Rotsteinpass. Auch hier steht ein Berggasthaus mit Übernachtungsmöglichkeit. Von der Terrasse hat man eine schöne Aussicht, und mit etwas Glück kann man Steinwild sehen.

Für den Abstieg folgt man dem Weg nach Wildhaus via Schafboden (Alp mit Beizli und Massenlager) bis nach Langenbüel. In vielen Kehren geht es bergab mit Blick auf die steilen Felsen des Alpsteins und die Toggenburger Berge. In Langenbüel nimmt man den Weg nach Gamplüt. Er führt oberhalb von Thurwies durch einen Wald und steigt dann leicht an bis Gamplüt.

Beim Wegweiserstandort Gamplüt (1350 m) geht man ca. 100 Meter nach rechts zur Bergstation der Gondelbahn nach Wildhaus, wo sich auch das Restaurant Gamplüt befindet. Dort gibt es das Bier der Brauerei Schützengarten aus St. Gallen.

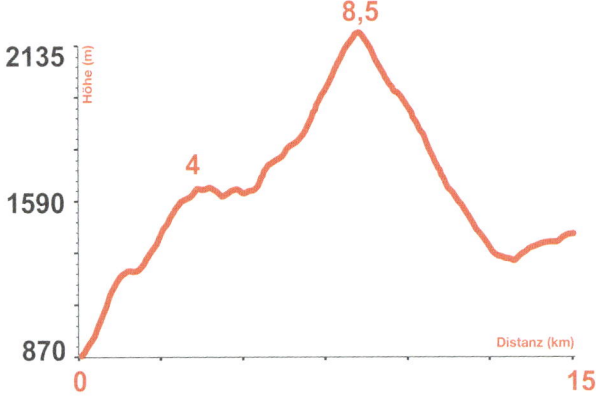

RÜCKFAHRT

Fahrt mit der Gondelbahn nach Wildhaus. Von der Talstation braucht man ca. 10 Minuten zur Post an der Postautolinie Buchs–Nesslau–Neu St. Johann. Fahrplan der Gondelbahn beachten, wer die letzte Fahrt verpasst, braucht zu Fuss 35 Minuten zur Post Wildhaus.

BERGGASTHAUS MEGLISALP
071 799 11 28
www.meglisalp.ch

ROTSTEINPASS
071 799 11 41
www.rotsteinpass.ch

SCHAFBODEN
071 999 13 45

BERGRESTAURANT UND GONDELBAHN
Gamplüt
071 999 21 72
www.gampluet.ch

BRAUEREI SCHÜTZENGARTEN
St. Jakob-Strasse 37
Postfach 63
9004 St. Gallen
071 243 43 43
www.schuetzengarten.ch

SEHENSWÜRDIGKEIT
- Steinwild beim Rotsteinpass

SALPETERHÖHLE

DURCH DIE SCHLUCHTEN VON WISSBACH UND GLATT

AUSGANGSORT	**ZIEL**
DEGERSHEIM	GOSSAU
BIER	**ANFORDERUNGEN**
FREIHOF-BIER	BERGTOUR
KARTE	
BLATT 227	**WANDERZEIT**
(APPENZELL)	4½ STD., 15 KM
SEHENSWÜRDIGKEIT	**HÖHENUNTERSCHIED**
ISENHAMMERWEIHER AUENLANDSCHAFT	AUF 400 M, AB 560 M

4.8% ALKOHOLGEHALT

HELL
UNFILTRIERT
UNTERGÄRIG

 GOLDGELB

 MALZIG, CITRUSNOTEN

 VOLLMUNDIG

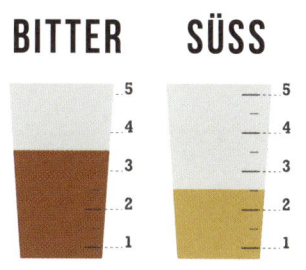

WEGBESCHREIBUNG

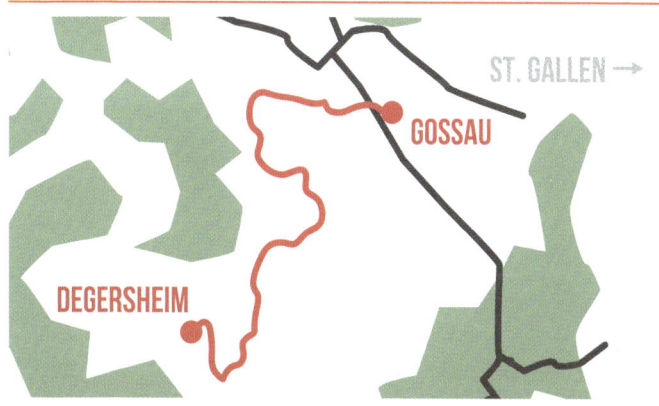

Degersheim (799 m) → Fuchsacker (969 m) → Büel → Talmühle → Wissbachschlucht → Schwänberg → Salpeterhöhle → Ruine Helfenberg → Höfrig → Niderdorf → Brauerei Freihof → Gossau (638 m)

Degersheim liegt an der Bahnlinie Luzern-Romanshorn (Voralpenexpress).

Vom Bahnhof folgt man dem Weg zum Restaurant Fuchsacker hinauf. Nach etwa 10 Min. gibt es zwei Wege zum Fuchsacker. Hier geht man nach links. In einem weiten Bogen gelangt man auf den Bergrücken.

Vom Fuchsacker geht man via Büel nach Tal hinunter. Etwas abseits vom Weg ist das Restaurant Kantonsgrenze. Man überquert die Strasse und geht geradeaus weiter nach Talmühle (Autowegweiser nach Flawil, Egg).
In Talmühle geht man nach rechts und folgt dem Weg nach Schwänberg. Er führt zu einer Scheune und dann quer über die Wiese zu einem Picknickplatz am Wissbach. Dann folgt man dem Wissbach durch den Wald. Plötzlich stürzt er in eine Felsspalte. Der Weg verläuft auf einem hölzernen Balkon. In der gegenüberliegenden Wand sieht man einen riesigen Strudeltopf. Weiter unten wird der Wissbach wieder flacher und hat Kiesstrände, wo im Sommer Kinder planschen. Nach ein paar Bögen geht man nach Schwänberg hinauf und von dort hinunter nach Tobelmüli.
Von Tobelmüli folgt man dem Weg Richtung Rüti. Man überquert die Glatt und steigt dann leicht bergauf, bis der Wanderweg eine Spitzkehre nach rechts macht. Hier zweigt der Weg zur Salpeterhöhle (roter Wegweiser) ab. Es ist ein schmaler, unmarkierter Pfad im steilen Waldhang. Bei Nässe ist er glitschig. Nach ca. 15 Min. auf und ab durchs Gebüsch sieht man den Höhleneingang. Die Höhle ist wegen Einsturzgefahr gesperrt. Sie ist aber auch von aussen sehenswert.
Man geht an der Höhle vorbei weiter flussabwärts. Die Glatt fliesst hier durch einen Urwald. Der Weg verläuft zuerst auf einem flachen Uferstreifen und dann ein kurzes Stück durch den Steilhang zu einem Grillplatz. Hier hat es mehrere Trampelpfade. Einer davon hat Holzstufen und führt rechts den Hang hinauf. Auf diesem steigt man gut 100 Meter höher. Oben wird das Gelände flacher und man gelangt auf den Wanderweg von Rüti zur Ruine Helfenberg. Man geht nach links und sieht schon bald eine gelbe Markierung.
Von der Ruine Helfenberg folgt man dem Wanderweg zum Hüfrig (auf den Karten Höfrig oder Stadtwald). Es geht steil zur Glatt hinunter und dann durch ein liebliches Tal unter einem Eisenbahnviadukt durch zum ehemaligen Isenhammerweiher. Der künstliche Weiher wurde im Sommer 2012 aufgehoben. Jetzt entsteht dort eine Auenlandschaft, in der sich schon seltene Tiere angesiedelt haben.
Nach der Siedlung Isenhammer fliesst ein Teil der Glatt durch eine schmale Felsspalte rechts vom Weg. Der andere Teil fliesst in einem Fabrikkanal links vom Weg. Bald überquert man die Felsspalte und dann eine Strasse und wandert durch den Höfrig.
Am Waldrand gibt es zwei Wege nach Gossau. Man geht nach rechts auf dem direkten Weg. Er führt durch eine Ebene mit Blick auf den Säntis. Bald sieht man ein Ziegelsteingebäude mit hohen Fenstern und Flachdach. Das ist die Brauerei Freihof. Der Wanderweg führt zur Flawilerstrasse. Hier verlässt man ihn und geht ein paar Schritte nach links zum Freihof.

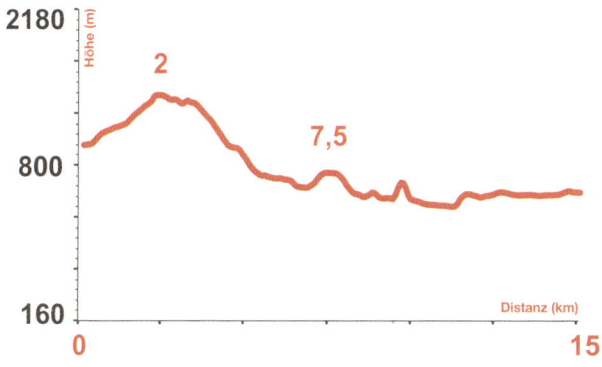

RÜCKFAHRT

Man geht zurück zum Wanderweg und folgt ihm zum Bahnhof Gossau. Man braucht dafür ca. 20 Minuten. Wer mit dem Zug nach Westen fährt, überquert die Glatt. Wenn man in Fahrtrichtung rechts aus dem Fenster schaut, sieht man die Auen von Isenhammer.

BERGGASTHAUS FUCHSACKER
071 371 11 66
www.fuchsacker.ch

FREIHOF BRAUEREI & HOFSTUBE,
Flawilerstrasse 46
9201 Gossau/SG
071 385 34 34
www.freihofag.ch

SEHENSWÜRDIGKEITEN
- Wissbach
- Salpeterhöhle
- Burgruine Helfenberg
- Isenhammerweiher, Auenlandschaft

SIHLSPRUNG

DURCH EINE ENGE SCHLUCHT IN EINE WEITE DRUMLINLANDSCHAFT

ZH

AUSGANGSORT **NEUHEIM TAL**	ZIEL **WÄDENSWIL**
BIER **WÄDI-BRÄU**	ANFORDERUNGEN **WANDERUNG**
KARTE **BLATT 235** (ROTKREUZ) **BLATT 236** (LACHEN) **BLATT 226** (RAPPERSWIL)	WANDERZEIT **3½ STD., 13 KM**
SEHENSWÜRDIGKEIT **DRUMLINLANDSCHAFT**	HÖHENUNTERSCHIED **AUF 250 M, AB 440 M**

 GOLDGELB

 WÜRZIG

 KRÄFTIG

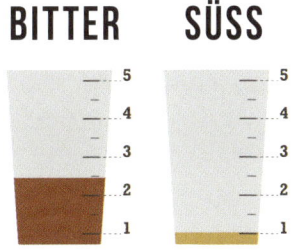

WEGBESCHREIBUNG

Tal (600 m) → Sihlsprung → Sihlmatt → Suener → Neubad → Schönenberg → Herrlisberg → Wädenswil (408 m)

Tal liegt an der Postautolinie Baar–Neuheim.

Bei Regen und Tauwetter kann der Weg durch den Sihlsprung nicht begangen werden wegen Stein- und Eisschlaggefahr.
Von der Postautohaltestelle Tal folgt man dem Wanderweg nach Sihlsprung–Sihlmatt. Er führt über den Hof Sennweid

zur Sihl. Von dort kann man auf beiden Seiten der Sihl flussaufwärts bis zum Sihlsprung wandern. Auf dem linken Ufer verpasst man die schönste Stelle, weil der Weg dort in einem Tunnel verläuft. Darum empfehle ich den Weg über die gedeckte Holzbrücke und dann dem rechten Ufer entlang.

Das Tal wird immer schmaler und die Felsen immer steiler. Beim Sihlsprung zwängt sich die Sihl durch eine enge Schlucht. Über eine Brücke und durch ein paar kurze Tunnel erreicht man die Sihlmatt, wo das Tal wieder breiter wird. Auf dem Suenerstäg überquert man die Sihl wieder und folgt dem Wanderweg nach Schönenberg. Er führt einen Hang hinauf in eine weite Drumlinlandschaft.

Durch ein kleines Moor erreicht man Schönenberg, von wo man dem Wanderweg nach Herrlisberg– Wädenswil folgt. Bei Herrlisberg überquert man die Autobahn und hat kurz danach eine schöne Aussicht auf Wädenswil und den Zürichsee. Der Weg wird steiler und führt durch ein paar Felder hinunter nach Wädenswil. Man bleibt auf dem Wanderweg, bis man zur Kirche kommt. Hier verlässt man den Wanderweg und geht links an der Kirche vorbei. Kurz nach der Bushaltestelle Sonnenstrasse kommt man an eine Kreuzung. Man überquert die Zugerstrasse und geht auf der Florhofstrasse weiter bis zum Wädi-Brau-Huus.

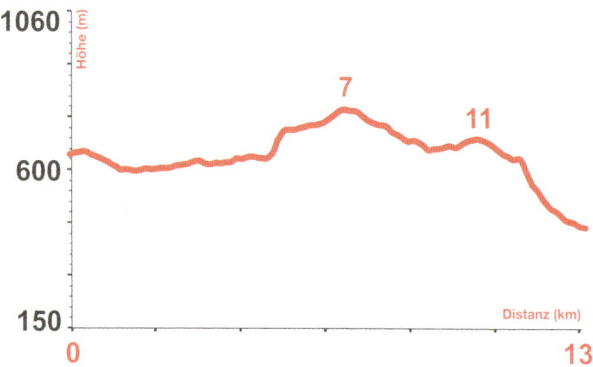

RÜCKFAHRT

Man geht zurück zur Zugerstrasse und folgt ihr bis zum Bahnhof. Vom Brau-Huus zum Bahnhof braucht man eine Viertelstunde.

RESTAURANT SIHLMATT
041 755 12 44
www.sihlmatt.ch

WÄDI-BRAU-HUUS
Florhofstrasse 13, "di alt Fabrik"
Postfach
8820 Wädenswil
044 783 93 92
www.waedenswiler.ch

SEHENSWÜRDIGKEITEN
- Sihlsprung, Schlucht
- Drumlinlandschaft

STAMMHEIM

TEICHE, SEEN UND EIN FLUSS IM NORDEN VON WINTERTHUR

AUSGANGSORT
SEUZACH

BIER
HOPFENBRÄU

KARTE
BLATT 216
(FRAUENFELD)

SEHENSWÜRDIGKEIT
HOPFENLEHRPFAD

ZIEL
STAMMHEIM

ANFORDERUNGEN
WANDERUNG

WANDERZEIT
5 STD., 21 KM

HÖHENUNTERSCHIED
AUF 270 M, AB 290 M

 NATURTRÜB

 DUNKELBLOND

 WÜRZIG

 FRISCH

BITTER   SÜSS

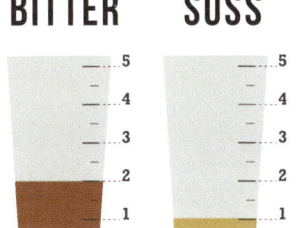

WEGBESCHREIBUNG

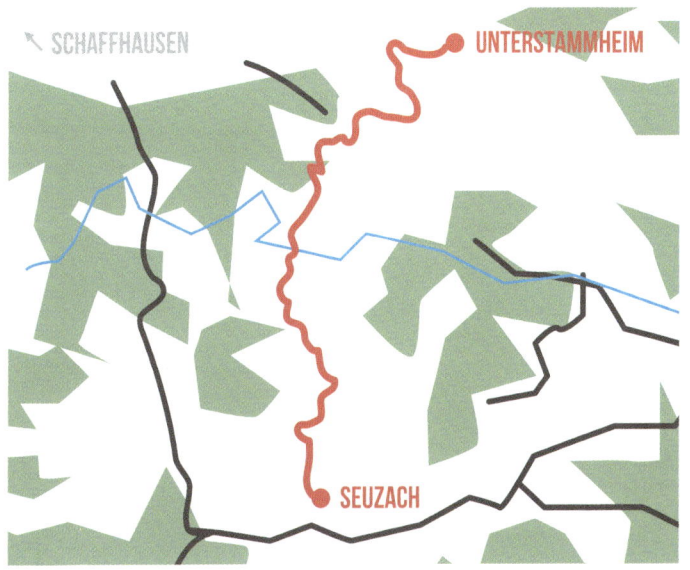

Seuzach (455 m) → Weier* → Gurisee* → Buecher Weier* → Rümbeli* → Berg → Gütighausen → Thur → Barchetsee → Waltalingen → Guntalingen → Stammheim (433 m)

* Diese Seen sind auf der 50 000er-Karte ohne Namen eingezeichnet.

Seuzach liegt an der Bahnlinie Winterthur–Stein am Rhein, der man auf dieser Wanderung mehrmals begegnet.

Die Wanderwegweiser sind in der Bahnhofunter-führung. Man folgt dem Wanderweg Richtung Weier –Gurisee– Andelfingen. Der Weg verläuft neben dem Bahngleis zum Weier. Weiter geht es über Felder an Bänk und Welsikon vorbei zum Gurisee (Hochmoor von nationaler Bedeutung). Nach ein paar Schritten in den Wald steht man vor Schilf. Ein Weg führt nach rechts und einer nach links, aber keiner ist markiert. Hier geht man nach links. Bald sieht man den See mit Seerosen und vielen anderen Wasserpflanzen darin. Je nach Jahreszeit hört man auch ein vielstimmiges Froschkonzert. Am nördlichen Ende des Sees ist ein schöner Picknickplatz.
Der Weg führt weiter am Buecher Weier und am Rümbeli vorbei bis an die Strasse von Niederwil nach Gütighausen. Ab hier folgt man dem Wanderweg Richtung Gütighausen–Barchetsee–Stammheim.
Ein kurzes Stück geht man auf dieser Strasse. Aber bald kann man sie nach links verlassen. Unter der Bahnlinie hindurch erreicht man Gütighausen. Man durchquert das Dorf und überquert dann die Thur. Dann geht man unter der Brücke durch und folgt der Thur ca. 500 Meter flussabwärts. Bei Ziegelhütten steht auf dem Wegweiser: nächste Strasse links. Mit Strasse ist ein traktorbreiter Feldweg gemeint, der zum Waldrand führt. Im Oberholz kommt man an einem See vorbei, dessen Namen ich nicht herausgefunden habe.
Weiter geht es über Felder und durch Wald am Barchetsee vorbei zur Bahnlinie. Man folgt ihr nach rechts bis zur Strassenbrücke. Hier verlässt man den direkten Wanderweg nach Stammheim und folgt dem Wanderweg nach Waltalingen–Guntalingen über die Brücke. Vom Schloss Schwandegg hat man eine schöne Aussicht auf Stammheim am gegenüberliegenden Hang. Mitten in der Ebene sieht man die Stammheimer Hopfenpflanzen. Mit vielen Kurven durchquert man Guntalingen. Ab der Dorfmitte folgt man dem Wanderweg nach Stammheim Station, der direkt zum Bauernhof mit Brauerei und Hofladen führt. Als kleinen Umweg kann man den Hopfenlehrpfad anschauen.

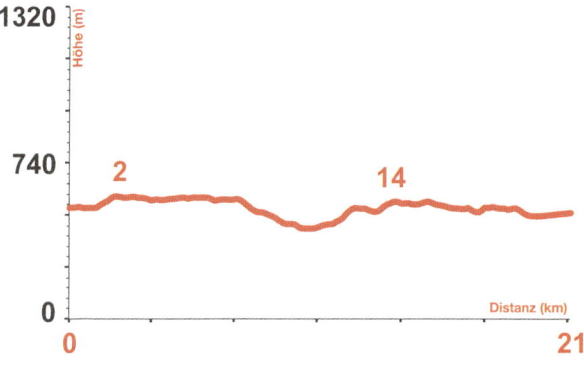

RÜCKFAHRT

Der Wanderweg führt vom Bauernhof weiter zum Bahnhof Stammheim an der Bahnlinie Winterthur–Stein am Rhein. Man braucht dazu ¼ Std.

HOPFENTROPFEN
Kollbrunn 422
8476 Unterstammheim/ZH
052 745 27 19
www.hopfentropfen.ch

SEHENSWÜRDIGKEITEN
- Gurisee, Hochmoor von nationaler Bedeutung
- Hopfenlehrpfad

SUNNENBERG

VON DER TÖSS ZUR KEMPT

AUSGANGSORT	**ZIEL**
WILA	ILLNAU
BIER	**ANFORDERUNGEN**
ILLAUER PUNT	WANDERUNG
KARTE	
BLATT 226	**WANDERZEIT**
(RAPPERSWIL)	4½ STD., 16 KM
SEHENSWÜRDIGKEIT	**HÖHENUNTERSCHIED**
AUSSICHT VOM SUNNENBERG	AUF 460 M, AB 520 M

 **HELL UNFILTRIERT NATURTRÜB**

 HELLGOLD

 HERB

 MALZIG

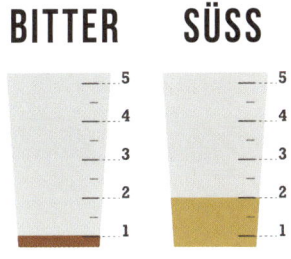

WEGBESCHREIBUNG

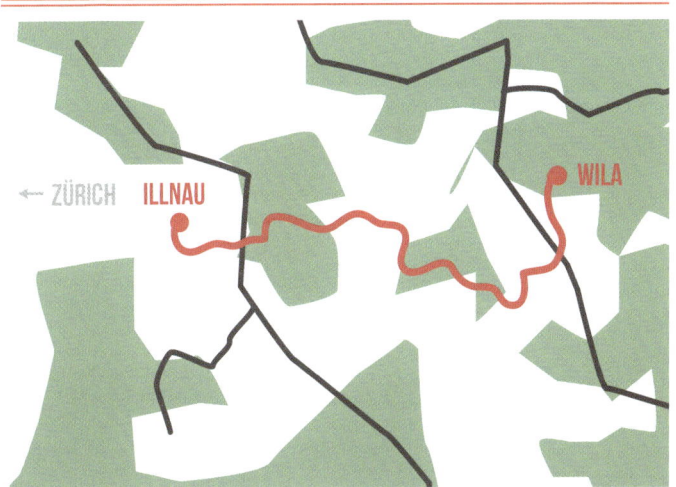

Wila (569 m) → Felsenegg → Sunnenberg
→ Ravensbüel (737 m) → Hermatswil → Gündisau
→ Madetswil → Rumlikon → Mesikon → Illnau (517 m)

Wila erreicht man mit der Zürcher S-Bahn (Winterthur –Rapperswil).

Vom Bahnhof folgt man dem Wanderweg nach Ravensbüel. Er führt über den Sunnenberg mit einer schönen Aussicht über das Tösstal und in die Alpen.
Dann geht man mit kurzen Auf- und Abstiegen durch eine weite Landschaft und über waldige Hügel von Dorf zu Dorf:

→ von Ravensbüel nach Hermatswil,
→ von Hermatswil nach Gündisau,
→ von Gündisau nach Madetswil,
→ von Madetswil nach Mesikon.

Kurz nach Mesikon wurde der Wanderweg von der Autostrasse weg wieder an den Brandbach verlegt. Weiter unten geht es über eine kleine Brücke zu den ersten Häusern von Illnau. Schräg den Hang hinunter erreicht man die Strasse Illnau–Fehraltorf, überquert sie und folgt dem Wanderweg noch bis zu einer Unterführung.
Hier geht man nach rechts zum Restaurant Rössli, wo Illauer Punt ausgeschenkt wird.

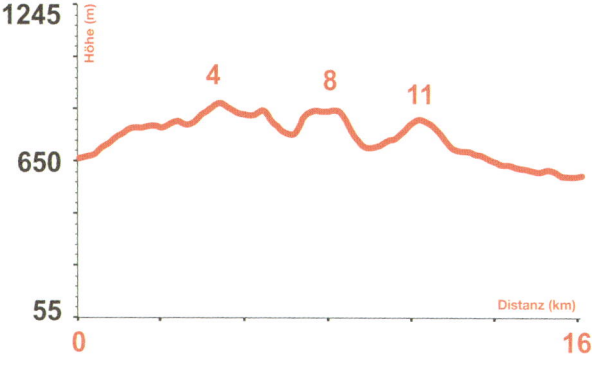

RÜCKFAHRT

Von der Unterführung bis zum Bahnhof Illnau hinauf sind es knapp 10 Minuten.

RESTAURANT RÖSSLI
Kempttalstrasse 52
8308 Illnau
052 235 26 62
www.roessli-illnau.ch

ILLAUER PUNT
www.illauer.ch

SEHENSWÜRDIGKEITEN
- Aussicht vom Sunnenberg
- Brandbach

TIERSTEINBERG

ÜBER WALDIGE JURAHÖHEN UND AN ALTEN BURGRUINEN VORBEI INS FRICKTAL

AUSGANGSORT
TECKNAU

BIER
SCHOGGI

KARTE
BLATT 214
(LIESTAL)

SEHENSWÜRDIGKEIT
SONNENKALENDER

ZIEL
GIPF-OBERFRICK

ANFORDERUNGEN
WANDERUNG

WANDERZEIT
5¾ STD., 20 KM

HÖHENUNTERSCHIED
AUF 630 M, AB 700 M

DUNKEL
UNFILTRIERT
NATURTRÜB

 BERNSTEIN

 HOPFIG

 HARMONISCH

BITTER SÜSS

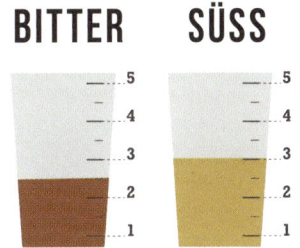

WEGBESCHREIBUNG

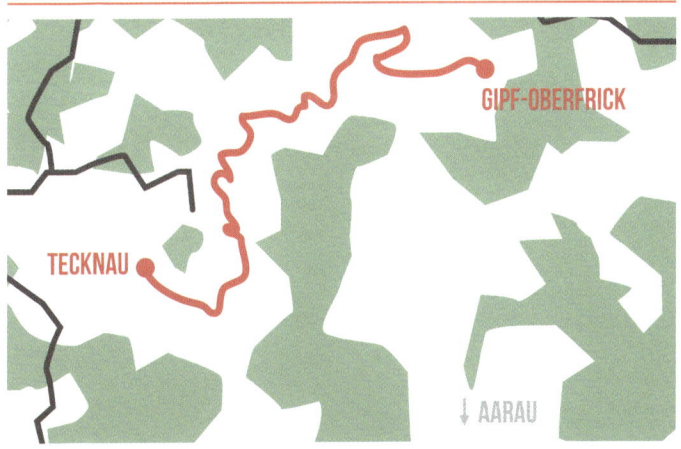

Tecknau (445 m) ➔ Ruine Ödenburg ➔ Wenslingen ➔ Rothenfluh ➔ Roti Flue ➔ Uf der Flue ➔ Tiersteinberg (749 m) ➔ Ruine Tierstein ➔ Ruine Homberg ➔ Gipf-Oberfrick (375 m)

Tecknau liegt an der Bahnlinie Basel–Olten.

Vom Bahnhof folgt man dem Wanderweg nach rechts aus dem Dorf hinaus. Am Waldrand beginnt ein alter Hohlweg, auf dem man zur Ruine Ödenburg aufsteigt. Obwohl man sie schon 20 Minuten nach dem Bahnhof erreicht, lohnt es

sich, eine Pause zu machen und die Aussicht zu geniessen.
Von der Ruine geht es weiter nach Wenslingen. Der
Wegweiser bei der Post, der nach Rothenfluh zeigt, ist
etwas verdreht. Man geht vor dem Postgebäude nach links
die Mittlere Gasse hinauf. Die erste Markierung am
Brunnentrog ist von der Post aus sichtbar. Es geht
geradeaus bis zum Dorfausgang, dann leicht rechts auf der
asphaltierten Strasse unter der Hochspannungsleitung
durch bis zu einer Baumgruppe auf der Hügelkuppe. Dort
zweigt man nach links ab auf eine Naturstrasse, der man
bis zum Waldrand folgt. Auf einem schmalen Weg beginnt
der Abstieg nach Rothenfluh. Im Dorf geht man nach links
zum nächsten Wegweiser, auf dem "Rothenfluh 2 Min."
steht. Man folgt ihm nach rechts und nach ca. 10 Metern
noch einmal nach rechts. Wieder nach ca. 10 Metern geht
es links hinauf Richtung Rothenfluher Fluh (auf der Karte
heisst sie Roti Flue).

Der Wanderweg führt zuerst bergauf und teilt sich in eine
weniger steile Variante nach rechts und eine steilere nach
links. Links geht es in einer weiten Kurve zum Waldrand
hinauf, von wo man mit ein paar Kehren zur Roti Flue
aufsteigt, ein Aussichtspunkt mit Bänklein und Feuerstelle.
Wer den Abstecher zum Sonnenkalender macht (10 Min.
retour), kommt an ein paar interessanten Felsspalten
vorbei.

Weiter folgt man dem Wanderweg zur Wegenstetter Fluh
(auf der Karte mit Uf der Flue angeschrieben), ein
Aussichtspunkt oberhalb von Wegenstetten, natürlich
wieder mit Bänkli. Kurz nach Uf der Flue führt der Weg
leicht bergab zu einer Abzweigung. Dort geht man ein paar
Schritte nach rechts Richtung Buschberg. Bald sieht man
den nächsten Wegweiser mit der Abzweigung nach links
zum Tiersteinberg. Auf dem aussichtsreichen Grat des
Tiersteinbergs geht es weiter zur Ruine Tierstein. Nur an
einer einzigen Stelle ist die Markierung unklar, wo der blaue
Wegweiser des Fricktaler Höhenweges in die eine Richtung
zeigt und der gelbe Wanderwegweiser in die andere. Es ist
aber egal, welchen Weg man wählt. Nach kurzer Zeit treffen
die beiden Wege wieder zusammen. Der blaue ist etwas
kürzer, aber steiler. Auch bei der Ruine Tierstein findet man
wieder einen Rastplatz mit Bänkli und Feuerstelle. Bei
heissem Wetter kann man auf den alten Steinen viele
Eidechsen sehen.

Dann geht es leicht aufwärts zur Ruine Homberg, dem
nächsten Aussichtspunkt. Über den Grat steigt man nach
Gipf-Oberfrick ab. Beim Dürstli verlässt man den Wald.
Zuerst führt der Wanderweg durch Wiesen, dann durch ein
Neubauquartier und endet an der Bushaltestelle Gipf-
Oberfrick, Alte Post. Das ursprüngliche Ziel dieser
Wanderung, die Brauerei Tiersteiner, gibt es nicht mehr.
Darum fährt man mit dem Bus nach Frick Unterdorf. Es gibt
einen direkten Bus und einen mit Umsteigen am Bahnhof.

Im Bistro Piazza an der Hauptstrasse 35 in Frick kann man Schoggibier trinken.

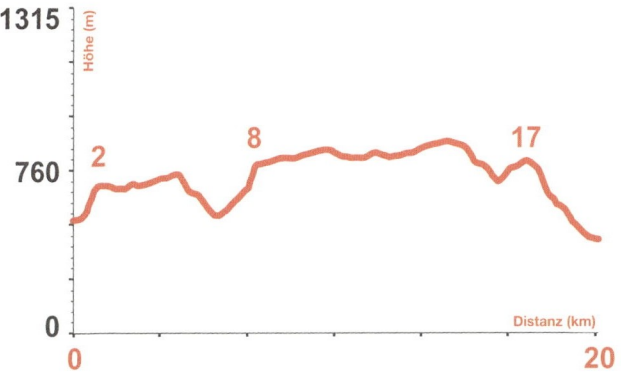

ABKÜRZUNG

Statt nach Wenslingen zu wandern, kann man auch mit dem Postauto von Tecknau hinauffahren.

CAFE & BISTRO PIAZZA
Hauptstr. 35
(in der Raiffeisenbank)
5070 Frick
062 871 62 90
www.piazza-frick.ch

SEHENSWÜRDIGKEITEN
- Burgruine Ödenburg
- Sonnenkalender
- Burgruine Tierstein
- Burgruine Homberg

WACHTHUBEL

HÖHENWANDERUNG IM EMMENTAL

AUSGANGSORT	**ZIEL**
TRUBSCHACHEN	**WALD BEI SCHANGNAU**
BIER	**ANFORDERUNGEN**
RÄBLOCH	**WANDERUNG**
KARTE	
BLATT 244	**WANDERZEIT**
(ESCHOLZMATT)	**4¾ STD., 14 KM**
SEHENSWÜRDIGKEIT	**HÖHENUNTERSCHIED**
EMMENTALER BAUERNHÄUSER	**AUF 800 M, AB 570 M**

**UNFILTRIERT
UNTERGÄRIG**

DUNKESCHWARZ

FRISCH

KARAMELL, KAFFEE

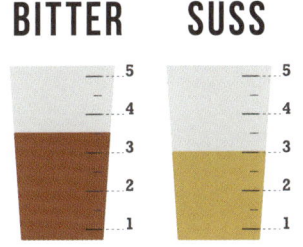

WEGBESCHREIBUNG

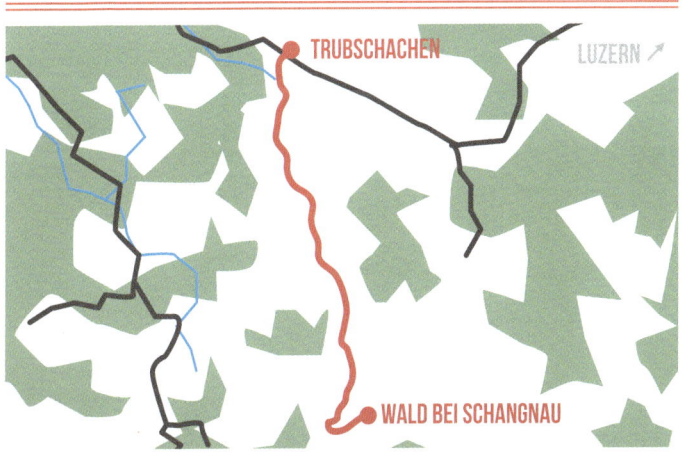

Trubschachen (732 m) → Houenenegg → Vorder Rämisgumme → Pfyffer → Wachthubel (1415 m) → Chüng → Wald (974 m)

Trubschachen liegt an der Bahnlinie Bern–Luzern durch das Entlebuch.

Vom Bahnhof folgt man dem Wanderweg auf den Vorder Rämisgummen. Nach der Brücke über die Ilfis gibt es drei Möglichkeiten, dorthin zu gelangen. Ich beschreibe hier die mittlere über Unter Houenen. Mit ein paar Kehren steigt

man auf die Houenenegg und wandert auf dem breiten Bergrücken südwärts. Vom Vom Vorder Rämisgummen geht es weiter über den Pfyffer zum Wachthubel. Langsam gewinnt man an Höhe und die Aussicht in alle Richtungen wird immer schöner.
Auf dem Wachthubel steht man vis-à-vis vom Hohgant, der der Brauerei dieser Wanderung den Namen gab.

Vom Wachthubel wählt man den Abstieg via Chüng Richtung Schangnau. Er führt auf einem Rücken bergab in den Wald. Nachdem man am Fuss einer kleinen Felswand vorbeigegangen ist, hat es kurz nacheinander zwei Abzweigungen nach links, die nach ein paar Metern in einer Weide enden. Man geht an ihnen vorbei, bis auf ca. 1070 m ein Weg den Wanderweg kreuzt. Hier steht ein Metallpfosten mit einem Wanderwegweiser. Man verlässt den Wanderweg und geht auf dem unmarkierten Weg nach links zum Waldrand und dann durch Wiesen zur Strasse Schangnau–Wiggen hinunter. Man geht nach links und folgt der Strasse ca. 600 Meter zum Dorf Wald. Auf der rechten Strassenseite ist die Brauerei Hohgant mit ihrem Braubeizli.

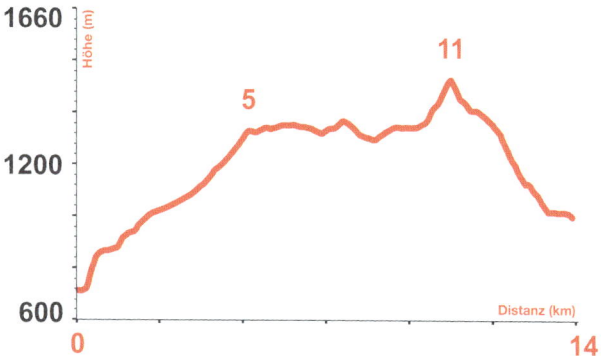

RÜCKFAHRT

Von der Brauerei geht man ca. 2 Minuten talauswärts zur Postautohaltestelle
Wald an der Linie Kemmeribodenbad–Escholzmatt.

BRAUEREI HOHGANT
Wald
6197 Schangnau
034 493 30 05
www.brauerei-hohgant.ch

SEHENSWÜRDIGKEIT
- Emmentaler Bauernhäuser

WEINLAND

FÜNF-WEIHER-WANDERUNG

AUSGANGSORT	ZIEL
REUTLINGEN	**WINTERTHUR**
BIER	ANFORDERUNGEN
STADTGUET	**WANDERUNG**
KARTE	
BLATT 216	WANDERZEIT
(FRAUENFELD)	**5 STD., 20 KM**
SEHENSWÜRDIGKEIT	HÖHENUNTERSCHIED
ALTSTADT VON WINTERTHUR	**AUF 290 M, AB 300 M**

 **DUNKEL NATURTRÜB UNTERGÄRIG**

 SCHWARZ

 RÖSTAROMEN

 LEICHT

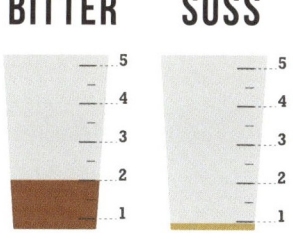

WEGBESCHREIBUNG

Reutlingen (400 m) → Stadel → Mörsburg → Rietmüli → Rickenbach → Eschlikon → Bänk → Seuzach → Winterthur/Lindspitz (440 m)

Reutlingen erreicht man mit der Zürcher S-Bahn.

Die ganze Strecke ist sehr gut markiert und verläuft fast immer auf Wegen ohne Asphalt.
Man folgt dem Wanderweg Richtung Stein am Rhein. Er führt an Stadel vorbei zur Mörsburg hinauf, wo man eine schöne Aussicht hat. Auf dem Weiterweg sieht man die

Rollbobpiste des Zürcher Bob-Clubs. Bei der Rietmüli ist auf der rechten Seite des Weges ein alter Mühlenweiher. Kurz vor Rickenbach folgt der zweite Weiher mit Seerosen und Schilf.

Kurz nach Rickenbach zweigt man ab auf den Wanderweg Richtung Thalheim. Der Weg führt über einen langen Hügelzug mit schöner Aussicht und dann zur Bahnlinie Winterthur–Stein am Rhein hinunter. Bei der Bahnunterführung geht man geradeaus nach Eschlikon, von wo man weitergeht zum Gurisee.

Der Gurisee ist der schönste Weiher dieser Wanderung mit einem Hochmoor von nationaler Bedeutung, in dem seltene Vögel nisten. Er liegt im Buchholz nördlich von Welsikon und ist auf der 50 000er-Karte zwar eingezeichnet, aber nicht angeschrieben. Man folgt dem Weg durch das Naturschutzgebiet. Er verläuft auf der schöneren Seite des Sees und führt zum Waldrand, von wo man weitergeht nach Seuzach.

An Bänk vorbei kommt man zum nächsten Weiher, der einfach Weiher heisst. Dann folgt man der Bahnlinie bis zum Bahnhof Seuzach. Man geht durch die Unterführung und weiter Richtung Walcheweiher, Winterthur. Nachdem man die lärmige Autobahn unterquert hat, geht es über den Lindberg mit seinem schönen Mischwald. Vorbei an einer Reihe hundertjähriger Mammutbäume kommt man zum Walcheweiher.

Hier geht man nach rechts zum Lindspitz. Bei der Bushaltestelle Bachtelstrasse fährt man mit dem Bus Nummer 3 zum Hauptbahnhof Winterthur.

Vom Bahnhofplatz geht man durch die Strassen Untertor - Kasinostrasse zur Grepery an der Steinberggasse 59. Hier bekommt man die Biere der Winterthurer Brauereien Fahrtwind und Stadtguet.

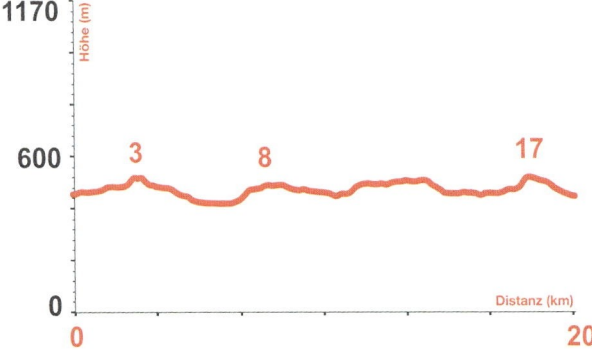

AVEC
Kiosk und Imbiss
Bahnhof Seuzach
052 335 48 60

BRAUEREI STADTGUET
Industriestr. 35
8404 Winterthur
079 784 96 22
www.stadtguet.ch

GREPERY
Steinberggasse 59
8400 Winterthur
052 202 45 45
www.grepery.ch

SEHENSWÜRDIGKEITEN
- Rollbobpiste des Zürcher Bob-Clubs
- Gurisee, Hochmoor von nationaler Bedeutung
- Altstadt von Winterthur

WOHLENSEE

STAUSEE UND NATURPARADIES

BE

AUSGANGSORT	**ZIEL**
OBEREI	**BERN** TIEFENAU
BIER	**ANFORDERUNGEN**
PÉPITE	**WANDERUNG**
KARTE	
BLATT 243 (BERN)	**WANDERZEIT** 5¾ STD., 22 KM
SEHENSWÜRDIGKEIT	**HÖHENUNTERSCHIED**
NATURSCHUTZGEBIET TEUFTALBUCHT	**AUF 550 M, AB 610 M**

 OBERGÄRIG

 HELL

 ZITRUS-FRÜCHTE

 FRISCH

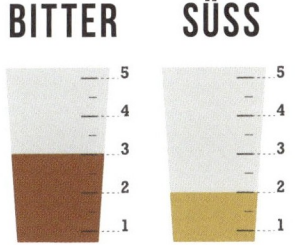

WEGBESCHREIBUNG

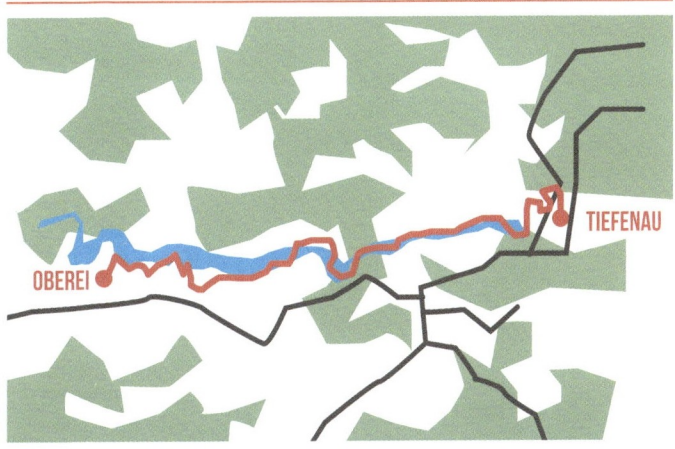

Oberei (595 m) → Jaggisbachau → Aebische → Wohlei → Wohleibrügg → Kappelenring → Neubrügg → Seftausteg → Felsenaubrücke → Zehndermätteli → Tiefenau (530 m)

Oberei liegt an der Postautolinie Bern - Mühleberg.

Diese Route verläuft zum grössten Teil auf dem Fernwanderweg ViaBerna, markiert mit der Nummer 38.

An der Haltestelle gibt es nur einen Wanderwegweiser ohne Ortsbezeichnungen. Man folgt dem Wanderweg Richtung

Eiau (weisser Autowegweiser). Er führt den Hang hinunter zum steilen Südufer des Wohlensees. Auf teilweise schmalen Wegen und steilen Treppen kommt man an Sandsteinfelsen und von Bibern gefällten Bäumen sowie am Naturschutzgebiet Teuftalbucht und am Naturwald Aebischen vorbei.

Kurz vor Frauenkappelen verlässt man die ViaBerna und geht durch den steilen Wald hinunter zum stattlichen Bauernhof Aebischen. Über flache Weiden und durch eine kurze Waldstrecke gelangt man wieder auf die ViaBerna. Man folgt dem schilfbestandenen Ufer bis nach Wohlei. Auf der Wohleibrügg überquert man den See. Von der Brücke aus sieht man auf eine Insel hinunter, auf der viele Wasservögel leben. Nach einer kurzen Strecke auf einer Strasse hinter Häusern gelangt man beim Kappelenring wieder direkt ans Ufer.

Der Weg führt an vielen Brücken vorbei. Die älteste, eine gedeckte Holzbrücke, heisst Neubrügg. Man geht unter ihr durch und folgt weiter dem Uferweg an der Aare bis zum Seftausteg, den man in ca. 15 Minuten erreicht. Hier verlässt man die ViaBerna und folgt dem Wanderweg Richtung Bremgarten bis zur nächsten Brücke. Man überquert die Aare und folgt dann dem Wanderweg zum Zehndermätteli. Auf einem bequemen Weg durch den steilen Uferhang erreicht man die wunderschön gelegene Beiz Zehendermätteli im Glück.

In der grossen Gartenwirtschaft, durch die auch mal Gänse spazieren, kann man Pépite von Dr. Gab's trinken.

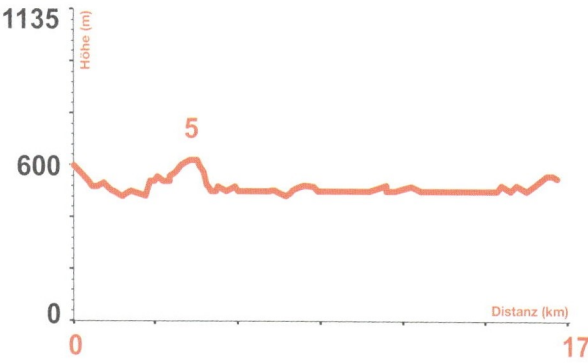

ABKÜRZUNG

Ab Kappelenring West dauert die Wanderung 2,75 Stunden. Diese Haltestelle erreicht man mit einem direkten Bus ab Bern Hauptbahnhof.

RÜCKFAHRT

Man geht von der Beiz auf dem gleichen Weg zurück durch den Wald hinauf bis zur nächsten Abzweigung. Dann folgt man dem Wanderweg zum Bahnhof Tiefenau. Man braucht dafür eine halbe Stunde, die in der oben angeführten Wanderzeit inbegriffen ist. Tiefenau liegt an der Bahnlinie Bern - Unterzollikofen.

BRASSERIE DOCTEUR GAB'S
Route de la ZI du Verney 1
1070 Puidoux
021 781 30 90
www.docteurgabs.ch

ZEHENDERMÄTTELI IM GLÜCK
Reichenbachstrasse 161
3004 Bern
079 198 73 42
www.zehendermaetteli-imglueck.ch

SEHENSWÜRDIGKEITEN
- Naturschutzgebiet Teuftalbucht
- Naturwald Aebischen

ZÜRICHBERG

WALD - UND STADTSPAZIERGANG VON STETTBACH NACH OBERSTRASS

ZH

AUSGANGSORT **STETTBACH**	**ZIEL** **ZÜRICH** OBERSTRASS
BIER **LINDE HUUSBIER**	**ANFORDERUNGEN** **SPAZIERGANG**
KARTE **BLATT 225** (ZÜRICH) STADTPLAN DER STADT ZÜRICH	**WANDERZEIT** **1½ STD., 6 KM**
SEHENSWÜRDIGKEIT **IGEL &** **NATURPFAD**	**HÖHENUNTERSCHIED** **AUF 220 M, AB 170 M**

HELL
UNFILTRIERT
UNTERGÄRIG

 ORANGE

 WÜRZIG

 MALZIG

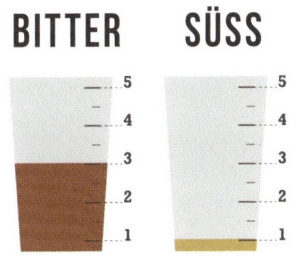

WEGBESCHREIBUNG

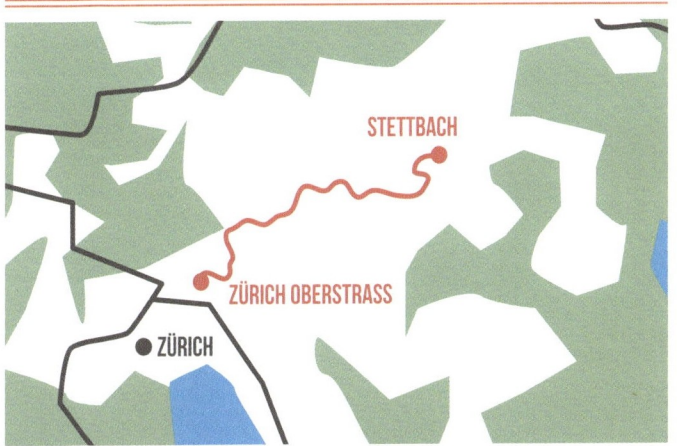

Stettbach (440 m) → Zürichberg (648 m)
→ Moosholzweiher → Rigiblick → Linde Oberstrass

Den Bahnhof Stettbach erreicht man mit der Zürcher S-Bahn oder mit dem Tram Nummer 7.

Man folgt dem Wanderweg über den Zürichberg zum Rigiblick. Kurz vor dem Waldrand hat man Aussicht über Schwamendingen. Dann geht es auf breiten Waldwegen gemütlich über den Zürichberg und am Moosholzweiher vorbei zur Bergstation der Seilbahn Rigiblick, wo der markierte Wanderweg zu Ende ist. Die Aussicht über die Stadt, den See und in die Alpen ist hier besonders schön. Man geht nach links auf der Freudenbergstrasse, bis nach etwa 300 Metern der Spyristeig nach rechts abzweigt. Das Strassenschild ist erst im letzten Moment sichtbar. Auf dem Spyristeig, später auf der Spyristrasse, geht man bergab. Auf der rechten Seite gibt es Tafeln vom Igel & Naturpfad. Nachdem man die Gladbachstrasse überquert hat, mündet die Spyristrasse in die Vogelsangstrasse, der man nach rechts folgt bis zur Winkelriedstrasse. Dann geht man links die Winkelriedstrasse hinunter, überquert die Universitätstrasse und schon steht man vor der Gasthausbrauerei Linde Oberstrass.

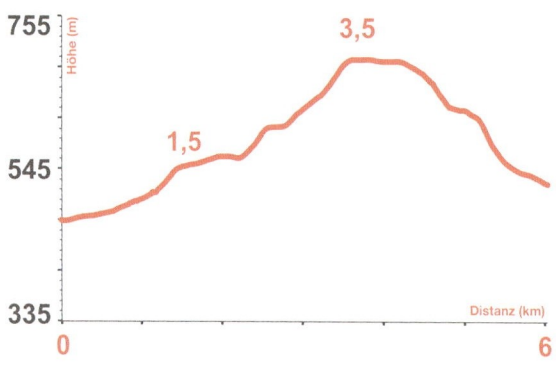

RÜCKFAHRT

Die Tramhaltestelle Winkelriedstrasse befindet sich direkt vor der Linde Oberstrass. Mit dem Tram Nummer 9 erreicht man den Bahnhof Stadelhofen und mit dem Tram Nummer 10 den Hauptbahnhof Zürich oder in die andere Richtung den Bahnhof Oerlikon.

RESTAURANT BRAUEREI LINDE OBERSTRASS
Universitätstrasse 91
8006 Zürich
044 362 21 09
www.linde-oberstrass.ch

SEHENSWÜRDIGKEIT
- Igel & Naturpfad

5

INDEX

WANDERUNGEN

Aiguilles de Baulmes	La Concorde	18
Allschwil	Unser Bier	22
Alp Sigel	Appenzeller Bier	26
Arnisee	Stiär Biär	30
Babental	Stammhausbier	34
Baldern	APA	38
Bärenpark	Altes Tramdepot Brauerei	42
Bruderholz	Ueli Bier	46
Bucheggberg	Chrüpfe Bier	50
Chasseral	Eggerbier	54
Chrüzhubel	Luzerner Bier	58
Doubs	Brasserie des Franches-Montagnes	62
Eetelweiher	Butcher's Brew	66
Emmental	Red Ale	138
Entlisberg	Amboss Bier	70
Fanezfurgga	Monsteiner Huusbier	74
Flughafen	Zurich Airport Bier	78
Gersauerstock oder Vitznauerstock	Urbräu	90
Gotteron	Fri-Mousse	94
Gurten	Wabräu	98
Haglere	Entlebucher Bier	102
Heitersberg	Müller Bräu	106
Hochastler	Bürchner Bier	110
Homberg	Müller Bräu	114
Honasp	Schlossbrau Nürensdorf	118
Hönggerberg	Steinfels-Bier	122
Krauchthal	Hardeggerperle	142
Kristallhöhle	Appenzeller	146
Lägern	Lägere Bräu	150
Le Flon	Les Brasseurs de Lausanne	154
Limmattal	Turbinenbräu	158
Loorenchopf	Bier Paul 01	162
Lötschberg Südrampe	Suonen Bräu	166
Meilen	Usterbräu	170
Mendrisiotto	Birrificio Ticinese	174
Michaelskreuz	Rathaus Bier	178
Niesen	Rugenbräu	182
Pfaffhausen	Hardwald Bier	186
Pragelpass	Adlerbräu	190
Rapperswil	Bier Factory Rapperswil	194
Rieteberg	Bier Paul 03	82
Rhône	Brasserie Du Molard	198
Roggenstock	Einsiedle Bier	202
Rotsteinpass	Schützengarten Bier	206
Salpeterhöhle	Freihof Brauerei	210
Sihlsprung	Wädi-Brau-Huus	214
Stammheim	Hopfentropfen	218
Steinenbühl	Sterne 5i	86
Sunnenberg	Illauer Punt	222
Tiersteinberg	Schoggi Bier	226
Wachthubel	Hohgant Brauerei	230
Weinland	Stadtguet Brauerei	234
Wohlensee	Pépite	238
Zürichberg	Linde Huusbier	242

BRAUEREIEN 🍺🍺🍺

Adlerbräu	Pragelpass	190
Altes Tramdepot Brauerei	Bärenpark	42
Amboss Bier	Entlisberg	70
Appenzeller Bier	Alp Sigel	26
Appenzeller Bier	Kristallhöhle	146
Bier Factory Rapperswil	Rapperswil	194
Bier Paul	Loorenchopf	162
Birrificio Ticinese	Mendrisiotto	174
Brasserie des Franches-Montagnes	Doubs	62
Brasserie Du Molard	Rhône	198
Brasserie La Concorde	Aiguilles de Baulmes	18
Brasserie Docteur Gab's	Wohlensee	238
Brauerei Falken	Babental	34
Brauerei Uster	Meilen	170
Bürchner Bier	Hochastler	110
Butcher's Brew	Eetelweiher	66
Chrüpfe	Bucheggberg	50
CVL Brauerei	Steinenbühl	86
Dr. Brauwolf	Baldern	38
Eggerbier	Chasseral	54
Einsiedler Bier	Roggenstock	202
Entlebuecher Bier	Haglere	102
Erusbacher & Paul	Rieteberg	82
Freihof Brauerei	Salpeterhöhle	210
Fri-Mousse	Gotteron	94
Gasthofbrauerei zum Löwen	Emmental	138
Hardeggerperle	Krauchthal	142
Hardwald Bier	Pfaffhausen	186
Hohgant Brauerei	Wachthubel	230
Hopfentropfen	Stammheim	218
Illauer Punt	Sunnenberg	222
Lägere Bräu	Lägern	150
Les Brasseurs de Lausanne	Le Flon	154
Linde Huusbier	Zürichberg	242
Luzerner Bier	Chrüzhubel	58
Monsteiner Huusbier	Fanezfurgga	74
Müller Bräu	Heitersberg	106
Müller Bräu	Homberg	114
Rathaus Bier	Michaelskreuz	178
Rugenbräu	Niesen	182
Schlossbraui Nürensdorf	Honasp	118
Schoggi	Tierstemberg	226
Schützengarten Brauerei	Rotsteinpass	206
Stadtguet Brauerei	Weinland	234
Steinfels Bier	Hönggerberg	122
Stiär Biär	Arnisee	30
Suonen Bräu	Lötschberg Südrampe	166
Turbinenbräu	Limmattal	158
Ueli Bier	Bruderholz	46
Unser Bier	Allschwil	22
Urbräu	Gersauerstock oder Vitznayerstock	90
Wabräu	Gurten	98
Wädi-Brau-Huus	Sihlsprung	214
Zurich Airport Bier	Flughafen	78

KANTONE

AG
Eetelweiher
Heitersberg
Homberg
Lägern
Rieteberg
Steinenbühl
Tiersteinberg

AI
Alp Sigel
Rotsteinpass

BE
Bärenpark
Chasseral
Emmental
Gurten
Krauchthal
Niesen
Wachthubel
Wohlensee

BL
Allschwil
Bruderholz

GE
Rhône

GR
Fanezfurgga

JU
Doubs

LU
Chrüzhubel
Haglere
Gersauerstock oder Vitznauerstock

Michaelskreuz

SG
Kristallhöhle
Rapperswil
Salpeterhöhle

SH
Babental

SO
Bucheggberg

SZ
Pragelpass
Roggenstock

TI
Mendrisiotto

UR
Arnisee

VD
Aiguilles de Baulmes
Le Flon

VS
Hochastler
Lötschberg Südrampe

ZH
Baldern
Entlisberg
Flughafen Zürich
Honasp
Hönggerberg
Limmattal
Loorenchopf
Meilen
Pfaffhausen
Sihlsprung
Stammheim
Sunnenberg
Weinland
Zürichberg

ANFORDERUNGEN

SPAZIERGANG

Allschwil
Flughafen
Honasp
Hönggerberg
Zürichberg

WANDERUNG

Babental
Baldern
Bruderholz
Bucheggberg
Chrüzhubel
Eetelweiher
Emmental
Entlisberg
Gotteron
Gurten
Homberg
Heitersberg
Krauchthal
Le Flon
Limmattal
Loorenchopf
Meilen
Mendrisiotto
Michaelskreuz
Pfaffhausen
Rapperswil
Rhône
Rieteberg
Sihlsprung
Stammheim
Steinenbühl
Sunnenberg
Tiersteinberg
Wachthubel
Weinland
Wohlensee

BERGTOUR

Aiguilles de Baulmes
Alp Sigel
Arnisee
Bärenpark
Chasseral
Doubs
Fanezfurgga
Gersauerstock oder Vitznauerstock
Haglere
Hochastler
Kristallhöhle
Lägern
Lötschberg Südrampe
Niesen
Pragelpass
Roggenstock
Rotsteinpass
Salpeterhöhle

KARTE 🔍

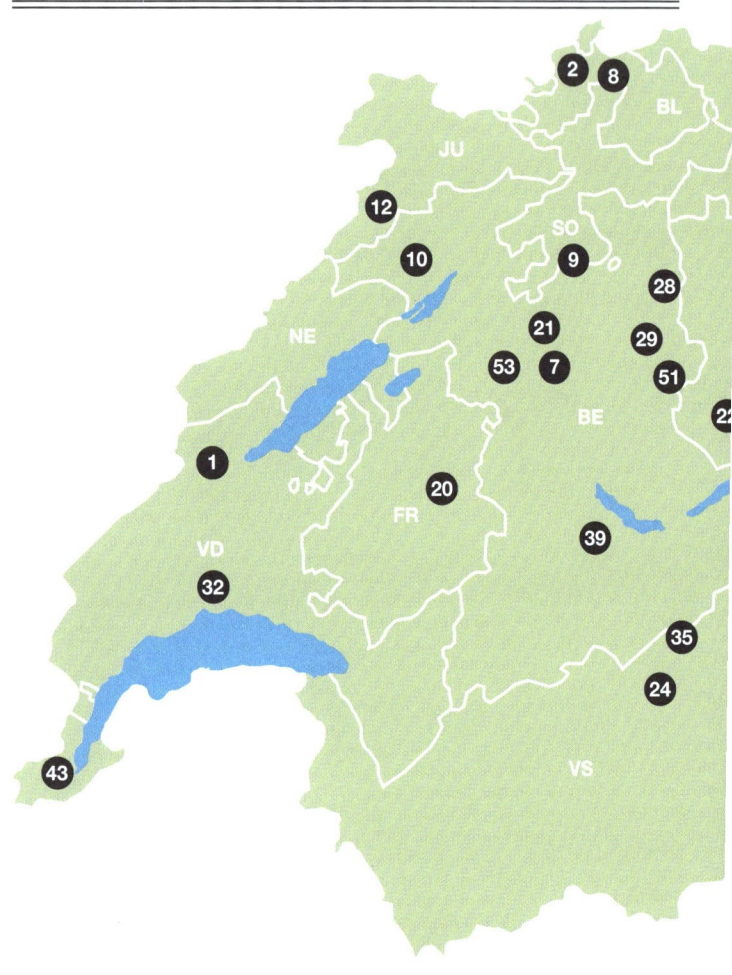

1. Aiguilles de Baulmes	18	17. Rieteberg	
2. Allschwil	22	18. Steinenbühl	
3. Alp Sigel	26	19. Gersauerstock oder Vitznauerstock	
4. Arnisee	30	20. Gotteron	
5. Babental	34	21. Gurten	
6. Baldern	38	22. Haglere	
7. Bärenpark	42	23. Heitersberg	
8. Bruderholz	46	24. Hochastler	
9. Bucheggberg	50	25. Homberg	
10. Chasseral	54	26. Honasp	
11. Chrüzhubel	58	27. Hönggerberg	
12. Doubs	62	28. Emmental	
13. Eetelweiher	66	29. Krauchthal	
14. Entlisberg	70	30. Kristallhöhle	
15. Fanezfurgga	74	31. Lägern	
16. Flughafen	78	32. Le Flon	

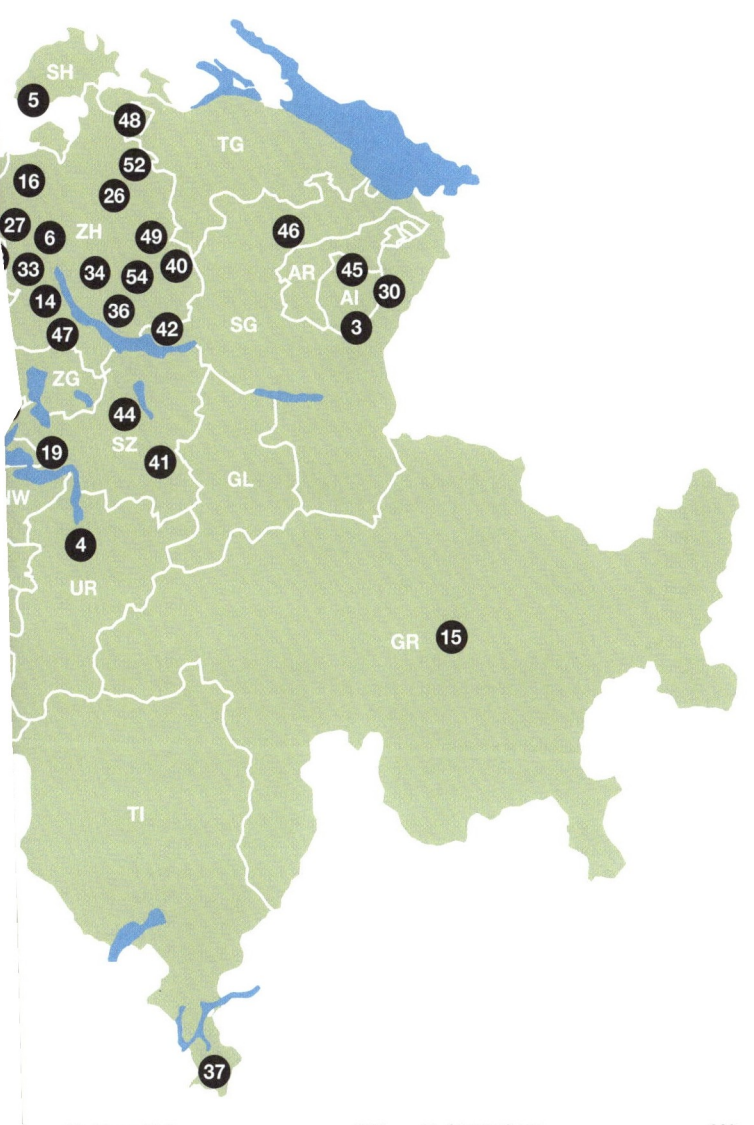

33. Limmattal	158
34. Loorenchopf	162
35. Lötschberg Südrampe	166
36. Meilen	170
37. Mendrisiotto	174
38. Michaelskreuz	178
39. Niesen	182
40. Pfatthausen	186
41. Pragelpass	190
42. Rapperswil	194
43. Rhône	198
44. Roggenstock	202
45. Rotsteinpass	206
46. Salpeterhöhle	210
47. Sihlsprung	214
48. Stammheim	218
49. Sunnenberg	222
50. Tiersteinberg	226
51. Wachthubel	230
52. Weinland	234
53. Wohlensee	238
54. Zürichberg	242

DANKSAGUNG

Ich danke meinen Eltern, die mir das Bergsteigen beigebracht haben, meiner Lebenspartnerin Vrene, die auf den meisten Touren dabei ist und meine Beschreibungen auf Unklarheiten und Fehler überprüft, Marianne, die die Texte auch gegengelesen hat, meinen Bergkameradinnen vom SAC Baldern, mit denen ich viel in den Bergen unterwegs bin, den Wanderorganisationen für das grosse Wanderwegnetz, allen Bahn- und Busunternehmen und den Steuerzahlerinnen und -zahlern
für das Netz des öffentlichen Verkehrs, den Gewerkschaften, die für genug Freizeit gekämpft haben für Hobbies wie Wandern, Bierbrauen oder Wanderwege-Markieren, der Frauenbewegung, dank der biertrinkende Frauen nicht mehr schief angesehen werden, der Landestopografie für die genauen Karten, Philipp vom Helvetiq Verlag, der dieses Buch herausgibt, und vor allem den vielen Brauerinnen und Brauern, die sich mit viel Herzblut und Freizeit für die Biervielfalt einsetzen.

Monika Saxer

VOM GLEICHEN VERLAG

Beer-IQ
Sébastien Pauchon
ISBN 764-0-139531-35-3

Bierwandern Schweiz Box
Monika Saxer
ISBN 978-2-940481-28-6

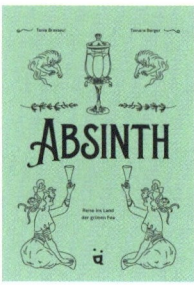

Absinth
Tania Brasseur und Tamara Berger
ISBN 978-3-03964-012-6

Weinwandern Schweiz
Ellen Wallace
ISBN 978-3-907293-85-0

Bierwandern Berlin
Daniel Cole und Yvonne Hartmann
ISBN 978-3-03964-009-6

Bierwandern Bayern
Rich Carbonara
ISBN 978-2-940481-80-4

helvetiq.com